黑客
怎么玩
HOW
|PINKE| PLAY

西邪 著

重庆出版集团 重庆出版社

图书在版编目（CIP）数据

贫客怎么玩 / 西邪著. — 重庆：重庆出版社，2011.5

ISBN 978-7-229-03750-5

Ⅰ.①贫… Ⅱ.①西… Ⅲ.①社会生活－通俗读物
Ⅳ.①C913－49

中国版本图书馆CIP数据核字(2011)第025105号

贫客怎么玩
PINKE ZENMEWAN

西邪 著

出 版 人：罗小卫
策　　划：瀚涛国际
责任编辑：陶志宏　曾玉
特约编辑：陈瑞侠
责任校对：李小君
装帧设计：红果书装

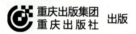 重庆出版集团
重庆出版社 出版

重庆长江二路205号　邮政编码：400016　http://www.cqph.com
北京瑞海精良文化传播中心制版
北京佳明伟业印务有限公司印刷
重庆出版集团图书发行有限公司发行
E-MAIL:fxchu@cqph.com　邮购电话：023-68809452

全国新华书店经销

开本：787mm×1092mm　1/16　印张：13.5　字数：107千
2011年5月第1版　2011年5月第1次印刷
ISBN 978-7-229-03750-5
定价：28.00元

如有印装质量问题，请向本集团图书发行有限公司调换：023-68706683

前言 **PREFACE**

　　20多岁，青春扑面而来后，又即将掩面而去。如果生命是几寸黑白胶片，总有一段是要被荒废的。怕吗？别怕，不是有人说过吗，青春总是要荒废的、蹉跎的。你把它捧头上，说不定就摔了，含嘴里八成就化了，不如就当它是尿泥吧，没那么高贵，没那么矜持，随手把玩把玩。如果恰巧有只镀着月光的手，在你头顶摸那么一把，霎时灵光乍现，头发，耳朵，眼睛，鼻子，嘴巴，心……五体通泰什么的，尿泥也就不再是尿泥，而成了造梦机、骑士城堡、哈利波特的扫把……那谁手里有点石成金的小棍子？谁知道呢，这世界变化快，我们不必太明白。但毋庸置疑的是，当你垂垂老矣，你就可以对着小孙子的红脸蛋儿说：爷爷那时候啊……奶奶那时候啊……眼睛眯成一条缝儿，欲擒故纵般调戏小孙子眼里的绿光。只有那些穷乐呵的时光才如陈年老酒般香气绕梁，才如蒙娜丽莎的微笑可望不可即地叮当脆响……

　　记得，那时正青春年少。上课，抢饭，翘课，打各式各样的工：给烤鸭店刷盘子，给肯德基炸薯条，给小毛头补课，问他有没有喜欢的小妹妹。碰到一个单眼皮的好看女生，一起看过电影，吃过西瓜，花光身上所有的铜板，拉着手在烤肉摊前贩卖口水。吃过风靡整个城市的刘氏大嘴巴，黄灿灿的玉米豆子在搅锅里被烘烤，抓把糖，疼痛伴着甜蜜，盛开在与青春有关的日子。

　　这是一个尊重个体的年代。趿拉着人字拖，裤兜里零星的铜板叮当作响，扎一根喷香的仔肠，张扬着爆满青春痘的脸招摇过市。偶尔约三五好友辗转于低山浅水，寻一块三生石，贴面躺了，灵魂出窍，肉体犹在。寂寞了，踏入舞池劲爆地摇吧，晃着臀，举着手，摇着头，决不消费一瓶酒。

青春总要荒废的，它就像一个乞丐，索取途中叮当响的铜板，发了馊的馒头，还剩几口的烤红薯，半块牛排……美味馊饭都是果了腹后的排泄物，舒爽过后，青春便不在了。

如果你偏要没事找抽，为了俩臭钱把自己整扭曲，我就不妨泼泼你的冷水。挣钱买好烟，挣钱泡妞吊凯子，挣钱打台球，挣钱装孙子，挣钱玩儿心眼儿，挣钱伤和气，挣钱伤面子，挣钱伤自尊，更有甚者挣钱卖贞操……这又何必呢？有吃、有喝、有花就青春小康了，每月划拉万金怎么样？拼死买个车子怎么样？挎个漂亮妞儿帅气小伙儿怎么样？地铁旁边有个窝怎么样？年纪轻轻的你玩儿什么呀，你拉得下面儿蹲马路牙子抽烟看大妞吗？你拉得下面儿撮小饭馆吗？你知道挎着的大妞小弟是几手的吗？俗语说：不喜欢帅哥是瞎掰，不喜欢美女是玻璃，不喜欢钱的是傻B。不过，钱是什么？钱是孙子，这孙子不是知识，不是健康，不是快感，这孙子没内容支撑，但凡我们翘辫子，它就不是个什么东西。

贫客怎么玩

002

活着其实特简单，该干吗时干吗去。幸福是动力，舒心是道理，别让自己白遭罪。与青春有关的日子嘛，当然就是用来荒废的。没钱怎么玩儿？没钱怎么就不能玩儿！

来，咱们掰扯掰扯。

目 录
CONTENTS

各位毕业族、月光族、蚁族、游族、账族、宅族、慢活族、穷忙族、暴走族、徒步族、拼客族、驴族、白兔族、芳香族、泥腿族……咱们一起来，玩转中华大地天涯海角。

不要以为我们个儿小、钱少，我们就什么都不知道，我们就堕落、失落、沉沦、轻浮、低贱，垮掉、坏掉、倒掉！我看你是即将OUT掉，哥们儿穷点有什么关系呢？但咱学富五车才高八斗，温柔体贴绝代风华，人见人爱花见花开，就你那点钱算个鸟！

063 | chapter3
贫客玩文艺

　　小生所谓的文艺，自然不属春晚范畴，那涉嫌侵权，小生的文艺乃文化艺术的统称。

075 | chapter4
贫客玩潮流

　　"潮流"这个词和真理一样无厘头，没有理由。20多岁的年龄，我们还在校园，或者刚刚毕业，或者刚刚沦落为剩男、剩女、剩斗士。而我们依旧一穷二白，但不必咬牙切齿，因为我的地盘我做主，这是潮流。潮流或许是时髦的衣服、怪异的发式，或许是邋里邋遢的风采、满脸不刮的胡子、满头不剪的长发，男人像女人，女人像男人，满嘴的艺术却冷不丁地喷出草泥马以很深沉的姿态。潮流和自我是孪生兄弟，很多时候，潮流就是百无禁忌、随心所欲。

目 录
CONTENTS

目录
CONTENTS

187 | chapter11
贫客玩心跳

青春就是心跳，贫客玩儿的是心跳中的心跳。在这所谓自以为是又狼狈不堪的岁月，就让这青春的痕迹重些，再重些!

202 | 后记

1 chapter

贫客玩天涯

各位毕业族、月光族、
蚁族、游族、账族、宅族、
慢活族、穷忙族、暴走族、
徒步族、拼客族、驴族、
白兔族、芳香族、泥腿族……
咱们一起来，
玩转中华大地天涯海角。

贫客玩儿天涯，自然是穷游。穷意味着资金少、花销小；游意味着天涯海角，阅尽春光。别跟我讲你没钱，挤公交，坐绿皮，扫小吃，住旅社，不定一趟下来不够你和狐朋狗友撮一顿的价格；别跟我讲你没时间，你以为你是比尔·盖茨啊？一弯腰就掉块金砖；别跟我讲你只爱马尔代夫，你以为你富二代，呼风唤雨卡行天下啊？醒醒吧你，没人有义务去为你的幸福埋单，你的幸福就在你的脚底板上，走不走在你，借口是种病，攒钱吧，攒够了先去治治。

话说到这儿，你该明白了吧？跟团的可以撤了，觉着自助游苦的也可以OUT了，屁颠屁颠挤名胜的也可以歇了，穷游铁定和自助有缘，注定和原生态结合。故此，穷游是在打造梦想，不是复制。背上行囊和我一起清清爽爽地上路吧，风餐露宿，简朴行走，心灵自由，脚步自由。

也请你记住穷游不是孤家寡人。二十多岁的年龄有脑有思的我们都渴望上路，小生就是其中一枚，也走过不少美地，坐过不少绿皮，尝过不少美味，逃过不少门票……此刻与你分享一二，尚可抛砖引玉。先以陕西为例，直接切入正题，以免浪费笔墨。

首先，自助不一定非得旷野，想了解一个城市了解一种文化乃至文明，逛街必不可少，那就先从逛街开始。

1 逛街

东南西北四大街是长安围城之通衢大道。东大街保留着古朴的风格，这条街热闹且平民化，没钱也能淘到几块几十块的漂亮东东。最重要的是可以和帅哥靓妹擦肩，增大了艳遇的几率。南大街是贵族街，娱乐购物不在穷游范畴，如果你做着灰姑娘或者一夜暴富的梦，不定哪人哪砖就砸你身上。叮嘱一句，这里没有星探，与爱情或者包与被包有关。西大街是美食天堂，个顶个的百年老店名扬四海。不过，你看看就行了，钱要花在刀刃上。往鼓楼后面的巷子里走，才是我们穷人的天堂，西安回民巷，这里堪称西安标志第一街。

这里经年的熙熙攘攘。雕花的阁楼，琉璃瓦下的小吃，地道的红红炒米、贾三汤包、酿皮子、烤肉串儿、卤羊蹄儿、镜糕、羊腿、酸梅汤、柿子饼、灌汤包、锅贴、八宝稀饭、腊牛肉、绿豆糕、椒盐核桃、羊油茶……数不过来，怎一个好吃不贵了得！顺道抬眼看看榜眼及第的大字，倾听时光的步履，悠哉，乐哉。如果还有稍许余钱，就看一场皮影戏……个中乐趣不用我赘述了吧？

如果你摸着滚圆的肚皮，还有一二余钱，踱着方步走在青石铺就、绿树成荫的街面上，瞅瞅镀着似水流年、古老音韵的鼻烟壶、铜镜、丝绸、仿古兵马俑……带一两个东东送给亲朋好友，这也应了我们其中一章的扩展人脉之说。

吃饱喝足不妨去隔壁的城隍庙遛遛弯。现在的城隍庙虽属重建，但经营品种不变，琴棋书画、戏曲、锣鼓、舞扇，什么锅碗瓢盆，针头线脑，应有尽有。逛累了，就在钟鼓楼广场歇歇脚，看看舞台剧，有下棋的，滑板的，玩车技的，弹吉他的，卖艺的，卿卿我我的……

至于北大街则乏善可陈，有钱上钟楼的话，瞅瞅就行了。

入夜，可以转战德福巷，这里是著名的酒吧咖啡一条街，穷游自然是蹭听、蹭景。进去喝两杯？我看还是免了吧，这也不在本书范畴。如果一定要领略领略，老亨利酒吧有很棒的驻唱，很棒的花式调酒手。9号酒吧也不错，欧式摇滚风。其实，在这样的街道上漫步，乐曲影影绰绰伴着脚步敲击青石板的声音，自是无上的享受。至于酒肉穿肠过，还是再走走吧。

德福巷走到头，入书院门，这是深藏若虚、名家荟萃、雅致无比的地方。当然，我们不只会玩儿雅致，更能玩儿俗，在书香墨宝烛光掩映下吃上那么几串味道正宗的羊肉串儿，再喝点小酒，沾点醉意，会会冯从吾的关中书院，摇头晃脑来几首什么体的诗，兴趣浓了再淘几个拓片，何等惬意。这条街据说还是小商小贩哄起来的，沾了碑林的光，起初是一些人拿了宣纸，到碑林里面拓片了来卖，没成想生意越来越红火，人越来越多，有了梧桐树便招来了金凤凰。

说了这么多，逛了这么久，范儿咱有了，文化有了，肚皮圆了，口袋里米米没少几颗，多好的事！

不过瘾嘛，再唠唠上海。

挤挤熙熙攘攘的南京东路步行街，直奔外滩，这里是万国博览会，亚洲最漂亮的西方典型建筑都汇集于此，那种震撼，必依你目之所及才能感受一二。这是150年前纤夫们用双脚踩出的沿江小路，如今见证着上海的灵魂。在它们面前，小生失语，品着外白渡桥这个名字，心尖颤动着。抬眼就是陆家嘴金融贸易区，东方明珠、金茂大厦、亚洲第一的上海国际金融中心、上海第一的正大百货……走走吧，穷哥们儿，就当你到了香港，到了伦敦，到了巴黎，到了纽约，或者到了城市的天堂。当然，那上海的城隍庙是最具老上海特色的地方，也是必去的，有九曲桥、亭台水榭，当然还有美人。上海美女都很精致，有着张爱玲的气质。所以，走在街上其实就是一种享受。去城隍庙可以拿些铜板尝尝最著名的南翔小笼。当然，如果要去南翔的话，此笼便可免。南翔必去，此不赘述，请在小城篇中见。

城隍庙一拐是条古朴失修的老街，针头线脑修车擦鞋挤挤绰绰，这大概是上海寸土寸金的典型写照吧，很生活，很有烟火味。再高贵的地方，人总是会落到实处的。

想逛平民街的话，就去淮海中路，中高低档品牌都有，和西安的东大街异曲同工。

至于那些高档购物场所，就去南京西路、陕西路那里，恒隆广场、中信泰富、梅龙镇伊势丹……几乎所有的世界名牌都能在这里找到身影。当然，到了上海不能不感受小资和腐败，去新天地遛遛吧，那里充斥着红男绿女，灯红酒绿。还可以欣赏上海的石库门，但瞅瞅足矣，很多东西犹抱琵琶半遮面才有意境，给你个妞抱怀里，不定还不如你YY有劲儿。

更重要的是，我们依旧没花几个钱。

唠了这么多，小生想说什么你也估摸出一二了吧？再送你一逛街锦囊：逛为上，逛的是底蕴、氛围、文化。掏钱的事儿多傻冒，荷包轻了，行李重了，抱怨就多了。如果你管不住自己的手，拉上来抽自个儿俩嘴巴，醒醒吧你，俗不俗啊！

2 游园

衡量一个城市是不是适合人居住，得看这个城市市政的硬件基础，而各种园子的建设正是那点睛之笔。对于我们贫客来讲，免费的宽敞的适合撒野玩儿情调玩儿沉思的园子是短途旅游的上上之选。

举个例子来讲，西安的曲江池遗址公园，占地1500亩，恢复性再造曲江南湖、曲江流饮、汉武泉、宜春苑、凤凰池等历史文化景观。这里青林重重，绿水弥漫，适合间隔性不定期光顾。拎一瓶啤酒或者茉莉蜜，揣几根香烟或者棒棒糖，抓一包麦烧开始闲庭信步。凭栏观园，水天浩渺，波光潋滟，龙舟点点……180度广角无内存的白眼球眨巴眨巴，快感滚滚。一个字，美；两个字，真美；三个字，确实美；四个字，真他妈美！怪不得那斯说"不知水葬归何处，落月弯弯欲效颦"呢。

荡荡芦苇，婷婷白鹅，翔云掠风，轻剪碧波，蜜茶浅尝，人生几何……无言凭栏闲趣来袭，荡一片涟漪，谁料引来一场群鱼戏麦烧的好戏，那场面简直壮观至极：上百条足尺的乌鱼、鲤鱼、草鱼，白的、黑的、红的、黄的、花的……心花怒放之余，手中的那包麦烧更是抢手至极，引来无数看官觊觎。

入夜时分，灯火阑珊，水榭楼台，荷影婆娑，韵音袅袅，怎一个惬意了得，怎一个清风吹着布衣衫贫也乐呵的超然了得！

再唠唠这名震江湖的大唐芙蓉园。中国第一大型皇家园林式文化主题

公园，脚下是鳞波细细，迎面是微风习习，亭台楼阁上则是人影熙熙。这是一个和爱情有关的地方，单身慎入，以免妒忌消沉延误了美景。呵呵，扯这些干嘛！总之，这绝对是一个与爱情有关的地方，古典的、氤氲的、煽情的、雅致的、浓郁的……各种爱情杂生的地方。不过，即使是这样的地方，对于贫客来讲，买张门票也有些多余，如果有兴趣了，逃逃票进去逛逛倒是正理。逃票路线公布中：芙蓉园南门旁免费公园人，然后轻松翻过栅栏……

进吧，进去看看帝王、诗歌、民间、饮食、女性、茶文化、宗教、科技、外交、科举、歌舞之类大唐盛世的灿烂文明，看看宫廷演出、艳影霓裳、武术、舞狮、高跷、杂技，再看看全球最大水幕电影……

此乃一静园，还有一动园，即曲江新天地游乐场。坐落在中国新一代主题街区，这样的大型娱乐城在西安为数太少。北京、上海之流的大城市这样的大型娱乐城才多，但来这里就是玩儿一把童心未泯，温习温习海盗船、旋转木马，在人群里跳跃跳跃，表演表演人来疯，哇哇大叫一通，也就求个通体畅快，没必要大把大把地烧钱，我们已经过了十七八卖乖的年龄了。

贫客们，让疯癫来得更猛烈些吧……

还有一种园宜静宜动适合把玩，譬如未央湖游乐园。这种园一般坐落在城市的边缘，可观，可玩儿，可宿。这里有小沙滩、蹦极、快艇、攀岩，湖边有蒙古包，木质的小楼，晚上不乏篝火晚会。

在这里，谁都是孩子。可以在快艇上尖叫，划着船打水仗；可以脱掉鞋走在细软的沙滩上，时不时有一股小风吹过，仿佛远离了尘嚣那般；可以有一搭没一搭地闲聊。入夜的时候生着篝火，开始烧烤，丢一把生花生在火堆里，丢一颗土豆在火堆里，想起童年那些烤花生、烤土豆的故事……

从家里拿了土豆，沿着村里的白杨蹦蹦跳跳地走。白杨的叶子落了满地，在脚下喳喳地唱歌。

用瓦片树枝浅浅挖个坑，埋进土豆，点燃落叶，火就慢慢燃起来了。冬天的寒凉被一团火焰驱散，印堂被火光照得红红的、暖暖的。不停地添树叶补充，玩着闹着也不知过了多久，拿根结实树枝拨开灰烬刨开浅土，像掘宝一样把土豆挑出来。别的伙伴安安静静待在一旁等待授奖般安静而虔诚，小心翼翼接过烫手的土豆，烫又不愿松手，只好乱跳脚。吹吹拍拍痛并快乐地吃下美味，满足地舔舔嘴……嗯，美好的冬日午后。

唠游园暂告一段落。作为贫客，游园的唯一要旨是休闲但不烧钱，玩儿的是心动，玩儿的是情景，粮水自带，帐篷自带，免票便罢，不免翻墙。

3 登山

说起山，小生已经跃跃欲试了。朋友在耳边聒噪：你应该给大家讲讲爬山的注意事项什么的。我思虑再三，觉得这个问题千千万万四肢健全的子民都略知一二，什么强度不宜过大，心率保持在120～140次／分钟什么的。

无奈这家伙说：作为一个初驴，说不定就不知道呢，弹指一挥做件好事，何乐而不为？也好，那就唠唠吧。

户外运动确实经常出事，有偶然的因素，但更多不幸直接来自莽撞、自大、欠缺经验。雪山的危险自不用说，攀岩的危险也不可小觑，这些暂且不表。在陕西待了几年，最多的是在秦岭里晃荡漂泊，各种乐趣下面细表。但爬得多胆子却不是越来越大，反而越来越感觉自己没有三头六臂，也没有神灵庇护，不过是个再普通不过的凡人，说不准哪天也"猎犬终须山上丧"，再无春夏秋冬，雨雪风霜。

总体来说，在秦岭里一般的户外运动危险性是很小的，无非背包徒步野营野炊。但在极个别情况下，一些意外情况会发生，因为秦岭山脉东西1600余公里，南北数十至200余公里，人烟稀少，植被丰富，野生动物活动频繁，总体地形和天气情况都是非常复杂的，这也成就了其低海拔登山者自助探险天堂的美誉。还是先说说可能遇到的危险情况吧。

登山最怕就是迷路，从秦岭地区历次山难事故来看，迷路直接导致的户外悲剧要占60%以上，迷路远不是用指北针就能解决的。第一，指北针的使用必须与大比例军用地图相配合。出于保密原因，一般人难以获得。第二，使用指北针配合地图野外定位，必须具备一定的理论基础和丰富的实际经验，新手往往难以掌握。第三，即使确定了自己的所在点，如何到达安全地域或补给点，也是一个复杂的问题，远不是想当然的两点连一线这么简单。

第一，旅途中要善于观察。记住沿路的显著地形地点，比如河流拐弯处，显眼的大树或奇石等。要注意多角度观察，以免走回头路时无法辨认，记下特征点之间所耗费的时间。在每个岔路口做记号，在海拔3200米以上的石海地区，一旦天气恶劣，能见度降低很多，非常容易迷失方向，建议用自喷漆隔10米做箭头记号。

第二，如何找路。经常遇到一些分岔点，不知道走哪边。这时候，不光要做好标记，还要注意分析路况。具体来说，要去的地方在北边，通常不选择往南边的岔路；要上山，不选择往下的岔路。在某些岔路，路的指向大体相同，就要看哪条路可能人常走，分析路边挂断的树枝、路边野草的长势、地上有无明显的脚印、积留树叶的多少，相信也不难做出判断。实在不行，随便择一条往前探上几百米，一般也会得出结果。一年天津大学5名学生在太白南坡迷路，两男生天黑后下山找路，一人不幸坠崖身亡。上海一男子在太白南坡迷路，丢下装备找路，结果路和装备都未找到，活活在暴风雪中冻饿而死。还有咸阳鼓风机厂5名男子，在太白南坡迷路，寻路不当，死亡3人。总结一下经验：一旦迷路，切记沉着冷静；所有求生必要的装备必须随身携带；绝不可分头找路，先在附近找个干爽避风的宿营地或休息点，仔细分析所处的可能位置；绝不可摸黑找路，遇雨雪雾天气能见度极差时，应就地休息，注意保持体温，必要时就地扎营，等待恶劣天气的好转。天气好转后，如果还是无法找到来时的路，找寻山谷下撤。一般秦岭山谷中都有溪流，沿溪流下行，第一，不用担心水的补给；第二，沿溪流下行相对丛林地带好走许多；第三，基本不会走弯路，不用担心再次迷失方向；第四，沿溪流必定可以遇见村庄或公路。当

然，溪流有时候也不那么好走，但沿溪流走，是一定可以走出去的。以正常速度，少则一天，长也不过三天。切记，一旦选定下撤线路，必须严格贯彻到底，中途的计划变化，只会带来更多的不测。全体人员必须坚定决心，千万不能动摇。一般来说，人的肉体要比人的心理承受能力强得多。所以，贫客倔驴们，一定注意保持斗志哦。

除迷路之外，大伙儿都害怕遇到野兽吧？事实上，就今天的环境来说，遭遇野兽被伤害的几率不比在高速路上飙车出事的几率更大。现在的野兽，一般还是很害羞的，懒得与人为敌。不过，也该做好以防万一的准备。具体分析一下：一猪二熊三老虎，这是山民按危险度排的座次。不过，秦岭中多了个特产——羚牛，可称为超级杀手。一般人很难想象野猪的凶猛，山野里经常能看到成片翻开的地面和刨倒的树，这就是野猪干的，而且野猪的数量也相当可观，遇见的几率很大。成群的野猪不可怕，它们有安全感，哪怕把你围在中间你也可以高枕无忧。单个的野猪则异常凶狠，视人类为天敌，必用大獠牙除之而后快。所以，一旦遇见这种孤独杀手，一般此时野猪会有狂躁的表现，千万不能慌张，先原地不动，什么动作也不要做，不能蹲下，这对它意味着进攻信号，不要刺激它。面向野猪慢慢倒退，直到退到它的视野之外。面对野猪，除了枪，不要指望能用什么其他武器对付它。狗熊的威力大家都清楚，一巴掌下来脸就没了。狗熊一般生活在海拔1000～2000m的地区，不过相对野猪来说，它的攻击性不强，而且事先会对你发出警告，给你充足的逃窜时间。但是，带着幼崽的母熊，这个是妈妈杀手，出于本能，对闯入它视野里的人会疯狂追杀，不要指望两条腿能比它四条腿跑得更快，除非它根本不打算收拾你。一旦追过来，除了爬树还真无他法。1998年，周至县一名农妇遭遇狗熊时装死，结果被其折腾了大半天，险些因失血过多真死掉。所以，不到万不得已，这样的办法还是不要试了。老虎，秦岭里已经没有了，除非从动物园跑出来一个。羚牛，似羊似牛，笑面杀手，看起来最温驯，但秦岭里最危险的就数它了，秦岭各海拔都有活动，基本上每年都有个把山民遭其不幸。春季，由于高山食物缺乏，羚牛常到1500米左右的山谷觅食，此时也是最容易伤人的时候。成群的羚牛并不危险，麻烦的是落单的，几乎都是受伤落败的成年雄牛，性情暴躁，通常将人顶撞致死。

不幸遭遇羚牛，要冷静，缓退，不要激怒它，这似乎是唯一可行的方法。晚上宿营时，出于本能，动物绝不会袭击帐篷，最多围着帐篷转两圈，因为晚餐的食物残渣可能吸引了它。所以，背包食品什么的，别被它吃了，一定要记得放在帐篷里，然后就可以安心睡觉了。在枕头边放把刀，多半只会自残或者伤了你的同类。新疆就出过这样的事，睡觉的人紧张地把风声当成野兽的吼声，迷糊中把旁边的同类胡扎一气。由此可见，人是最凶猛的！

还有洪水，欺山莫欺水。我是记忆犹新，有次差点被吞了。每年6～9月是秦岭的雨季，一场连夜暴雨就可能导致山洪。因此，被洪水困在山里的几率还是很大的。相对秦岭山区来说，一般在水面3米以上的地方扎营是很安全的，而且越靠上游，可以相对离水面越近。当然也要具体分析，看宿营地是否有被水漫过的迹象。一旦夜间有暴雨，必须保持警觉，注意

水情变化。一旦洪水发生，最容易出现的情况是被困在某个河谷边的宿营地，来时可以涉水通过的河面显然已经不能通行。这个时候，就要具体情况具体分析。如果水还在上涨，什么都不要说，赶紧搬家。如果天已放晴，可以就地待上两日。一般经验，水退回原来状态需要一天到两天时间。如果还在下雨，就有点麻烦了，3~5天的连续降雨在雨季很正常，计算一下自己的食物、燃料和自己的体能。燃料和食物都充足，就老老实实待着。不足，就必须赶紧考虑走人，必须趁体力还充足的时候冲出危险区域。心存侥幸的等待，只会导致体能的下降和信心的丧失。沿溪下撤，走溪边的山腰，肯定可以走出去。下撤时见机行事，该上就上、该下就下，遇到断崖绕行或迂回。只要保持信心，总是可以走出去的。有时，过河是不可避免的。这时，至少两人以上才能安全过河，一人结绳，一人保护。注意，水浑处是急流，水清处是缓流，有根手杖会稳当很多。水深过腰，河道超过10米宽，99%无法过河，要选择河道较窄处砍树搭桥过河。水深过膝，选择河床中石头较突起的地方过河，注意做好准备，该保护的东西事先注意防水，一般落水10秒内水进不了背包。千万注意，晚上御寒的睡袋和备用衣物绝对不能弄湿，可考虑用结实的塑料袋加胶带密封。当然，有防水袋就更好了。最好不要赤脚过河，鞋湿了可以弄干，脚底板划破了影响走路就太惨了。

　　还有一种危险就是失温，也就是体表温度急剧下降导致的危险。解决起来简单，吃得饱穿得暖就可以，但在山野的复杂环境中却时时需要注意。冬春季，在秦岭登山的过程中，遭暴风雪袭击的概率还是不小的。海拔低点的地方，有植被掩护，避风和宿营都不难做到。在海拔3000米以上的石海地带，一旦被困无遮无挡，不管你穿多好的风衣，体温还是会被山风无情地一点一点剥夺。这种地形想必大家都有认识，几乎很难找到可以搭帐篷的地方，而且，一般帐篷的抗风性也不是很好。所以，直接钻进帐衣里就可以了，没必要支起来。没有帐篷，山民的做法是用大张的油布或军用雨衣来代替，只是效果差点而已，但好歹有个防风雪的空间，再钻进睡袋里或是穿上所有衣服，将所有的塑料袋夹在衣服内层，不透气但可以尽量保持体温，感觉冷时就吃点东西。在夏秋季，山里夜间的温度还是很低的，如果衣物和睡袋不慎在渡河或大雨中搞湿，晚上还是很难熬的。假设又因为大雨不能生火，首先要架设好掩蔽所，即使有帐篷，也要考虑到微小的渗漏，毕竟市面上大部分帐篷的防雨能力不是特别好。所以，最好

在林间以几棵树的树干为依托拉圈绳子，将小树枝最好是小竹子整齐地架在上面，堆成屋脊形，上面盖上大张塑料布，再压一层竹子。这样，在下面搭帐篷，可万无一失，而且在帐篷外也有地方可以活动。如果不方便挖排水沟，在帐篷底下垫几层竹子，效果也很好。其次，绝不能穿着湿衣物钻睡袋，要统统脱光，一般的真空棉睡袋只要不是湿得特别厉害，还是可以保温的。帐篷里可以烧气或酒精炉增加温度，但也只是权宜之计，再不行就用最原始的方式——抱团取暖，莫害羞哦。生火，这几乎是每个户外爱好者必须掌握的最重要技能，是对付失温的最好办法。先说引火。山民可以轻易地用几根火柴点着一堆湿木头，对大多数人来说不大可能做到。办法是：准备一小塑料瓶酒精或者一瓶被煤油浸透的木屑，都很轻便易

用。火源也要注意，多带几个一次性火机并且额外准备一盒密封好的火柴以备不测。点着以后，注意柴禾的架放方式。如果需要长时间无人看守的"过夜火"，就将大木头整齐排列码放在火堆正上方，只留很小的空隙，这样通常第二天早上还能看见一点微弱的炭火。采药的山民没有帐篷和睡袋，多是这样蜷缩在"过夜火"边睡觉的。

然后就是疾病。人吃五谷生百病，何况是在条件相对较差的山里。在城里病了可以找医院，在山里就只能指望自己和同类了。出门前将各类常用药品备齐，整理好放在一个小盒子里，注意密封防水。山风刺骨，预防为先，先吃点感冒药预防，吃饭的时候准备点醋或大蒜，对消化系统疾病的预防很管用。有条件的话，睡觉前烧点热水烫脚，可大大缓解疲劳。注意穿高帮的鞋或打绑腿，预防脚踝受伤。一般来说，秦岭地区不会有高原反应，不要以为上了3000m就会缺氧，这里的所谓高山反应实际是疲劳和心理反应，注意休息就没事。一旦生病，千万不要硬挺，该撤就撤，绝不能意气用事。脚扭伤了，云南白药喷雾剂比较管用，没有的话用溪水冷敷，而且必须坚持脚部活动。一旦休息过多会更严重，影响走路。急救绷带一定要准备，遭野兽袭击或摔伤大出血，包扎方式也很关键，这里就不啰嗦了。

还有食物和水，出门时按计划食物要带够，并留有应急的口粮。这没什么可说的，不要幻想能和野人一样到处找野果。秦岭不是热带雨林，一般夏季6~7月海拔2000m以下某些地区可以找到食用的野草莓，9~10月某些低海拔地区有野生猕猴桃，其他基本无可食用野果。野菜一般只能见到很少几种，而且数量很少。至于某些树皮草根，那就需要过硬的专业知识了。山鸡在海拔3000m以下都有分布，经常可以见到，带把弹弓还是不难打到的。不过，不到万不得已不建议伤害它们。某些河段可以见到小鱼，不过通常有鱼的河段已经很下游了，也就可以找到村子了。注意观察河边的动物足迹，某些地方是它们夜间下山喝水的地方。特别是冬天小溪封冻，只有个别地方有流水，周围通常散布各种动物的脚印，理论上弄点诱饵挖个陷阱可以设伏，但需要充足的等待时间。山民长期准备的陷阱通常直径1m左右、深2m，内壁围一圈光滑的石头，动物几乎没可能爬上来，不过光挖这个陷阱就能累死你。捕兽夹没有一定的经验和能力是搞不好的，专业的"千斤砸"砸死大象估计都没问题，设置起来特费工夫，做绳套地点的设置也很讲究。还有，豺和豹子也特别喜欢在这样的地方伏击。总之，野外找食物远比一般人想象中要难得多。同时，不到极端情况还是不要伤害这些动物。

至于饮用水，在秦岭山区是没有必要的。春夏秋冬，不管秦岭南坡北坡还是很容易找到水源的。低海拔地区一般有溪流补给，中海拔地区的岩壁下面时常有滴水，海拔3000m以上的石海不难找到石缝中的泉水。一般在寺庙遗址或房屋附近容易找到水坑。当然，个别地段位置实在不好，还是要动动脑子在附近山谷里找水，一般也是在石缝中，越往下越好找。水质一般没有问题，不需要净化。但是，积存在水坑里的死水需要过滤后烧开才能饮用。过滤一般用纱布叠多层，过滤后可加点明矾沉淀，去除沉淀后烧开。不过，烧开后水有点涩。

说到这里，大家一定看到了不少装备吧？再唠唠这些装备。砍刀、绳子、大张防水布，这些东西一般野营可能用不上，但确实是突发意外时保命的法宝，也是普通山民的最基本的装备，一个队带一到两套就可以了。最适合秦岭野外环境的还是狗腿砍刀，前重后轻，前厚后薄，劈砍极易用力，比一般斧头都好用。因为是一般用刀，上千块的名牌冷钢库可锐和十多块的山民自制刀用起来效果差不多，后者要时常注意防锈。绳子，15米就差不多了。过河常用，嫌专业的绳子贵的话就去买建筑队用的那种，也很结实耐磨。防水布不建议用塑料布，太不结实，用雨衣布或油布都可以。这三样东西结合起来用。像棚子、筏子、梯子、担架、背架、便桥、床、风衣，只要开动头脑，没有造不出来的东西。

到这里，几乎所有的问题都分析到位了。但有一点还要和贫客们交代清楚，那就是心理素质。在很多情况下，当突然发现自己处在极为不利的环境下时，保持镇定和清醒要远比平时想象中困难。所以，为了防止突发情况造成的"心理死亡"或"心理疯狂"，必须在制订出行计划时，考虑到可能会发生的意外和对策，及早打上心理预防针。

好了好了，说点轻松的让大家乐乐。

一般玩儿秦岭是不需要门票的，条条道路通罗马嘛，不像华山，看的都是脚后跟后脑勺毫无乐趣可言。当然，如果你只是小打小闹当天来回，不搞翻越什么的，那门票也没几个钱，花就花了。如今，全国各地为了搞活旅游，也都发年票。一票在手，到处走走还是没问题的。像这种短途旅游，也是妙趣横生。以岑参的故居所在的高冠瀑布为例：

马夫迎风而来，伴着马粪的清香……别骂我啊，马粪的味道确实有股淡淡的青草香。如果条件允许，索性跃上马背，用柳枝轻轻抽打在它身上。马儿得令扬开蹄子小奔，哒哒哒哒，阳光穿过树叶，斑驳的影悠然飞行……

感受过马儿的还是且攀且乐吧，马背也不是那么舒适的。高冠峪河是沣河的源头，它从高冠嘴夺路而出，谷窄水急，直下跌入高冠潭，声如雷吼，山谷震荡，气势恢宏，犹如万马奔腾，正所谓"半空白皑皑，喷壁四时雨"。

岑参曾在诗中写道："昨日山有信，只今耕种时。遥传杜陵叟，怪我还山迟。独向潭上酌，无人林下棋。东溪忆汝处，闲卧对鸬鹚。"玩儿兴浓的，可以一直翻山越岭，感受一下布衣耕织的乐趣，越往深了走，人烟越发罕见，景色越发宜人，美哉，美哉。

它附近的祥峪，可以称得上是古城的后花园。

相传祥峪为观音道场，因常现瑞云而得名，是关中罕见，具有江南风韵的原始生态区。

诗仙李白曾慕名到此游历，它让层峦叠嶂、鬼斧神工、苍松翠柏、茂林修竹、郁郁葱葱、遮天蔽日、曲径通幽、流水潺潺、行云流水、紫气缭绕、云海茫茫这些美妙的词更具灵性。

贫客们可以尽情地撒欢、爬山、捉鱼、即兴歌舞……在这样的天然氧吧，心也随着空气湿润起来。在植物的清新香气中，天人合一，融进大自然。

5000万年前的造山运动构成了祥峪的峡谷地质地貌。进入景区藏龙谷，祥峪河沿谷流淌，在这些断层上自然形成了瀑布、龙潭、溪流交织的景观。景区共有形态各异的瀑布9帘，恰似九龙盘绕在山间。这种瀑布群在秦岭北麓实属罕见，有"瀑布之川"的美誉。

这是当年汉唐上林苑的最南端。上林苑，是汉武帝刘彻于建元二年（公元前139年）在秦代的一个旧苑址上扩建而成的宫苑，规模宏伟，宫室众多，有多种功能和游乐场所。上林苑地跨长安、咸宁、周至、户县、蓝田五县县境，纵横300里，有霸、产、泾、渭、丰、镐、牢、橘八水出入其中。

恍惚之间，我们都幻化成那上林苑里策马飞奔的猎客。

如此的美意，再来点野菜吃食，给你个神仙你还做吗？

4 走村

讲这部分，真是令人心旷神怡。全国这样美丽安详的村子像天上的星星那样多，远离了城市的喧嚣，将我们带进了时光的隧道。那山，那人，那狗，只需见过一次，都将是一生的纯美定格。跟我一起来吧，如果你没有领略过，那起码应该知道。

譬如周至老县城，真正的日出而作、日落而息的世外桃源。

一路上，山峦跌宕，烟波浩渺，这个时候无论如何你是不用思考的，那荡漾碧波自然可以涤荡心灵，所有的未知、所有的谜都交给上帝！

从县城到村庄有一段距离，如果不想出钱，可以在村里搭顺风车。村里有车到县城拉砖、石子或送货的，可以适当地撒个小谎，说是回家去，这些人通常都会欣然地让你搭车。车会直接穿越黑河森林公园，到厚畛子就可以转车到老县城了。

说是老县城，其实就是一个村落，建于清道光五年，原为佛坪县县城，是一个四面环山、风光旖旎、民风淳朴，有着清代遗风的宁静处所，现已辟为保护区。老县城鼎盛时居民过万，后因兵匪及官衙迁移，逐渐沉寂萧条，人口不足百户。在老县城生活比较简单，日出而作，日落而归，没有城市的繁华喧闹，手机也成了摆设（无信号）。

走进清代遗留的城门洞，历史就这样扑面而来。

老县城的房子大多由土坯和木头组成，脚下是青石小路，偶尔会有一两只土狗奔跑着。走的时候要小心些，有很多牛屎的。但那又怎么样，它通往家园。

农家的人都很淳朴热情，有的孩子六七岁了还没有上学，扑闪着一双大眼睛，好奇地跟在身后。和他们聊着，吃着农家小炒，那韭菜炒鸡蛋，那土豆丝，还有金黄的烙饼，味道真暖人心。

每晚，我都睡得很香……

清晨在鸡鸣中醒来，会有人敲着玻璃说，起来吃饭了……

开门，湿润的空气扑面而来，天蒙蒙亮，小村笼罩在一片袅袅晨雾中。

贫客们，如果要离开这样的地方，请别再吝啬金钱，记得结账的时候多给些钱。他们很腼腆，总是要退给你。你会说，不多，够少的了。其实，你和我一样，也是个不善于表达感情的人，希望他们过得好。

有个小孩，很认真的样子，正和她的爷爷为制作一个木头玩具忙得不亦乐乎。这一幕又让我深深迷醉，久久不能挪动脚步。一步一回头，走出最后一个城门洞，我的心沉甸甸却又轻飘飘，深深的洗礼将久久停驻灵魂。驻足在那古老的小桥上，不知这里承载着多少来来往往？这是一方净土，还有另一方在心田里。

又落雨了，我的脚步越来越轻快，途中曾有两辆私家车停在旁边邀我同行。我婉言拒绝，谢谢这些好心的陌生人。我只是想走走，看看那些不知名的野花，在丛林里绽放，独自妖娆着美丽着，无论你是否经过。

路程很长，美丽的东西很多，我都存下了，在记忆里。

徒步四个小时之后，到达厚畛子。谢谢这些一路上热情接纳我，帮助我的好心人，愿你们平安，幸福一生……

再说说亲爱的青木川，陕西省最西的一个古镇。青木川，有着明清古建筑群和保存完好的魏氏庄园，民风淳朴、路不拾遗的古老长街，一脚踏三省、鸡鸣三省惊的安详小镇，清新、优美、原始的羌州古镇，真真切切的遥远传说……

只是，2008年5月12日，一场突如其来的强烈地震，打破了小镇的宁静与安详。我梦中的天堂已是满地瓦砾，冷冷清清，到处是撕裂和倒塌的伤口，淳朴的乡民怀着滴血的心蜷缩在临时搭建的救灾帐篷中。我的心也在滴血，青木川没了……

如果你在青木川，请别告诉我现在她的样子。听说已重建，只怕重建的青木川，已不是我亲爱的青木川。活着，是一种偶然，明天也是偶然，能抓住的唯有此刻在胸腔里跳动的或黯然或激荡的心。

青木川曾是入川要道之一，秦蜀之咽喉，兵家必争之地，商贾云集之边贸重镇。早在三国时期，邓艾攻蜀时曾入境南下。明末崇祯十年(公元1637年)，闯王李自成率义军由青木川过境入川占领青川县。清太平天国军与官军曾在境内秦家垭鏖战。

青木川，物华天宝，资源丰富，地上茂林嘉禾，地下堆金藏玉，如果……去看看这个劫后重生的地方吧。

走村是一种心境，有晨露的质感，彻底与钞票无关，与奢华无关，更与灯红酒绿无关，甚至与现代无关。如果你确信可以出发了，那就上路吧。

 过院

此院非彼院，此乃佛教寺院、道教观院、宗祀庙堂等等。"寺"是中国对佛教建筑的称呼，如白马寺、大召寺等；庵，是尼姑居住的寺庙；石窟，是开凿在山崖上的石洞。在蒙古语中，称"寺"为"召"，如大召、五当召等。还有称之为布达拉宫、普陀宗乘之庙等。在道教中，其宗教组织和活动场所皆以"治"称之。又称为"庐"、"靖"，也称为静宝。在南北朝时，道教的活动场所称为仙馆。北周武帝时，道教活动场所称为"观"，取观星望气之意。到了唐朝，因皇帝认老子为祖宗，而皇帝的居所称为"宫"，道教建筑也称为"宫"。其他还有叫"院"、"祠"的，如文殊院、碧霞祠等。儒家则称之为"庙"、"宫"、"坛"，如孔庙、文庙、雍和宫、天坛等。伊斯兰教称之为"寺"，如清真寺等。天主教称之为"教堂"。在民间，称之为"庙"、"祠"，如旧时奉祀祖宗、神佛或前代贤哲的地方，叫太庙、中岳庙、西岳庙、南岳庙、北岳庙、岱庙等。如祖庙、祠堂（祭祀祖宗或先贤的庙堂），还有武侯祠、韩文公祠等。

啰唆了这么多，小生只是想说，这寺庙文化大有乾坤，它完整地保存了我国各个朝代的历史文物，在国家公布的全国文物保护单位中，寺庙及相关设施约占一半，授之"历史文物的保险库"当之无愧。寺庙建筑与传统宫殿建筑形式相结合，具有鲜明的民族风格和民俗特色。同时，寺庙文化已渗透到生活的各个方面，如天文、地理、建筑、绘画、书法、雕刻、音乐、舞蹈、文物、庙会、民俗等。

如此，知道过院在玩家看来是多么有趣的一件事了吧？

许多庙宇择建于名山胜地，而且祭祀的都是千古流传的历史人物，每座庙宇都有其历史渊源、传说和典故。信步在这悠久的宗教文化遗产中，细品名人和书法家的手笔，惊叹于古人智慧的结晶。以三原城隍庙为例，可谓殚土木之功、穷造形之巧。本人一直是唯物主义者，但喜欢往这些地方跑，原因已细表过，但不得不再强调一遍：庙宇的建筑，简直就是神来之笔。

城隍庙古建筑群以均衡对称的正统方式，把楼、殿、廊、庑亭等40多个单座建筑，按主次布局在纵横轴线上，全部建筑琉璃盖顶、雕梁画栋、结构严谨、肃穆壮观。山门前歇山一字形水磨砖影壁，高十余米，中间镶嵌有透雕的"鲤鱼跳龙门"。影壁前铸有2万余斤重的一对铁旗杆，铁龙缠绕、气宇轩昂。山门东西八字墙上有"苍龙训子"和"鱼龙变化"的砖雕，形象逼真，栩栩如生。

正门前建造一座12米高的歇山牌坊，坊额上书"威灵昭应祠"，坊上木雕"龙戏珠"、"凤还巢"、"狮子滚绣球"等吉祥图案，给人以博大雄浑之感。牌坊北面是城隍庙山门，高15米，又称"八卦悬顶无梁门"，因无梁檩，由十根明柱支撑，因在悬柱和八组斗拱方位上雕绘着太极图和八卦符号而得名。大门通内的中轴线上，有三米宽青石路贯通南北。

山门内东西两边是牌廊，镶嵌有岳飞书写的前后《出师表》石刻，因其表志尽文畅，书法飘逸，雕刻精湛，故有"三绝碑"之称。向北的第三道木牌坊，上书"陟降在兹"，下雕有"尧王访贤"、"岳飞赶考"、"李白醉写"等典故，形象生动，立体感强。向北的第二道石牌坊，额上石刻"明灵保障"，竖匾上刻"监视"二字，额坊上雕着"十八学士登瀛洲"、"三顾茅庐"等典故，造型典雅，雕刻别致。

石牌坊北面是戏楼，为九脊歇山式建筑，建造精致，风格各异。在额坊、雀替等构架上木雕着"苍龙戏鳌"、"凤鸣朝阳"、"龙吟虎啸"、"威狮祥麟"等飞禽走兽，神态自然有趣。

穿过戏楼，来到中院。院内殿庑周环、曲屋连属的东西18间廊房内有唐代出土文物和历代瓷器陈列展览。中院两边的钟鼓二楼，高均为14～15米，为三重檐十字歇山式建筑，楼体承托在12根明柱上，上有3米琉璃

"高明"，挺拔醒目。昂头上木雕着龙、凤、狮、象等，整体庄重，结构严谨而造型典雅，形似故宫角楼而华丽有加。第四道木牌坊位于中院，是全庙最大的一座，上刻"明灵莫佑"，坊上斗拱重叠，奇巧精密，木雕满棱，有"八仙过海"、"圯桥纳履"、"女娲补天"等典故，昂头上雕刻着58个童子，形制俊秀各异。

美哉，壮哉，神乎哉！三原城隍庙始建于明洪武八年（公元1375年），距今有600余年历史，站在这600年历史前，我看到了现代人的愚蠢，譬如那个楼歪歪。呜呼，哀哉！

每个古老的城市大多有城隍庙。说完城隍庙，再说说清真寺。西安的大清真寺声名远播，自然不用我多费口舌。敕造的木质塔楼早已在时光的风蚀里陈旧斑驳，只是依然矗立着，在满院的花树间掩映成趣，三步一亭五步一塔，游人济济却有着暮色般的温馨寂静。

觉得外国人是新鲜东东的这时可以目不暇接了，不同肤色、不同国别的外国友人们大多会对你报以友好的微笑，自然你也别吝啬你迷人的一面，这里似乎还有点为国争光的风采，呵呵。当然，为国争光的其实是大清真寺的建筑、布局、庄严及其文化。

他们抚摸着每一处雕花的窗棂，满眼肃穆的钦敬。

我想，无论是何种肤色哪片土地上的人，对美好和虔诚的信仰都会心生敬意，无论现世如何，此刻所有的躁动都化为片刻安宁。

全寺总面积1.3万平方米，建筑面积约6000平方米，寺院内有建于17世纪初高达9米的木结构大牌坊，牌坊琉璃瓦顶，异角飞檐，精镂细雕。

东西走向成正方形，共分四进院：第一进院最东边影壁正面镶有三方菱形菊莲图案，檐下砖雕斗拱，宏伟壮观，古建木牌坊竖立中央，异角飞檐，牌坊顶部琉璃覆盖，蔚为壮观。该牌坊建于17世纪，南北两侧各有厢厦三间，内部陈设明清古式家具。经过五间楼进入二进院，中央竖立石牌坊一座，三门四柱，中楣匾镌刻"天监在兹"，两翼各为"虔诚省礼"和"钦翼照事"。往西10米，南北各竖砖雕镶嵌"冲天雕龙"碑一座，往西是"敕赐礼拜寺"的"敕赐殿"。殿内有石碑七通，碑文有阿拉伯文、波斯文和汉文。第二进院还有宋代大书法家米芾和明代大书法家董其昌的书法真迹，笔力飘逸，走笔遒劲，字形匀称，堪称书法杰作。第四进院内有面积约1300平方米的殿堂，可容纳千余人做礼拜。殿内有画400余幅，书以阿拉伯文图案，构图各有千秋。

清真大寺的建筑形式、基调一派民族风格，然而，寺院内的一切布置又严格按照伊斯兰教制度，殿内的雕刻藻饰、蔓草花纹装饰都由阿拉伯文套雕组成。中国传统建筑和伊斯兰建筑艺术风格如此巧夺天工的结合，令人叹为观止，它也被联合国教科文组织列为世界伊斯兰文物之一。

十几块钱的门票，如果贫客们想逃票的话，赶做礼拜的时候从正门往西10米的中门进入即可。

再说说这个八仙庵，西安最大的道教观院。八仙大家再熟悉不过了，八仙庵就坐落在长乐坊间，每逢初一、十五，那里香客云集，熙熙攘攘热闹非凡。偶尔来了兴致也可以去逛逛，带回些针头线脑的小玩意儿。

其实，更多的是喜欢步入八仙庵的那条百十米的古玩街，大大小小的古玩，铜镜、屏风、古书、文房、铜剑、陶罐、花瓶、玉坠儿……一时半会儿数不过来，怎么说呢，恍惚间似有旧时的味道，鼻尖是遥远的潮湿……

赶上花开的季节，后殿的院落里牡丹花开了，依偎在棕榈间颇有点小女人的婉约风情，和这里的肃穆相映成趣，别有一番风味。

八仙庵相传建于宋代，元、明、清各代屡次翻修。公元1900年，八国联军侵入北京，慈禧太后和光绪帝逃到西安避难，曾赐1000两白银，命八仙庵道长李宗阳修建牌坊，并赐八仙庵"敕建"二字，高悬于庵前门额之上。新中国建立后，当地政府数次拨款整修。

八仙庵现占地110亩，由山门至后殿，分为三进。山门外，有清光绪二十年砖砌大牌坊两座，门外的影壁上刻有"万古长青"四个大字。山门两端，钟、鼓楼分立左右。第一进殿5间。第二进分前、后二殿。第三进正殿门楣上悬有慈禧太后亲笔题写的"洞天云籍"四字匾额。大殿两侧，是东西跨院。东院有吕祖殿和药王殿。

每逢农历四月十四、十五、十六日，八仙庵都要举行一年一度的庙会，四方香客云集于此，盛况空前。

据传，道教全真派创始人王重阳求道时，在甘河桥遇吕洞宾祖师授"五篇灵文"而得道，故称全真十方丛林，皆修遇仙桥以示纪念。

院正面为灵宫殿，殿内正中供奉着道教的护法神玉灵官的彩色塑像，青龙、白虎两将军的彩色塑像分侍两侧。第二进院的正面为五开间的八仙殿，为八仙庵之主殿，是道观日常举行盛大宗教活动的场所。殿内正中奉祀着东华帝君。两侧分别为汉钟离、张果老、韩湘子、铁拐李、吕洞宾、曹国舅、蓝采和、何仙姑的"八仙"泥塑彩像。

第三进院的正面为斗姥殿。殿门正面悬有慈禧太后所书的"洞天云籍"四字匾额。殿内正中奉祀着斗姥元君，两侧分别为北斗七星中的文曲、武曲、贪狼、破军等星君塑像。

大殿的东西两侧各有跨院，东院有吕祖殿、药王殿和太白殿。吕祖即吕洞宾，号纯阳子，传说他在唐时两次考进士不中，最后随汉钟离学道，汉钟离授他以"延命之术"。

药王即唐代著名医药学家孙思邈。他一生博通百家之说，尤好老庄，不求名利，热心行医，为民治病，被人们尊称为"药王"。成道后，被封为"妙应真人"。

太白殿内供奉着太白金星。供奉太白金星，源于古代的星辰崇拜，是对太阳系中接近太阳的第三颗行星——"金星"的神化。在道教中，太白神象征富贵功名。西院的北面为丘祖殿。丘祖即丘处机，为中国道教全真派的创始人之一，元朝初期被成吉思汗封为国师。院内的其他房屋是庵内道士的居住处，故又称监院。

每年农历九月初九重阳节，八仙庵都举行盛大道场。初九清晨鼓声拉开宗教活动的序幕，殿堂灯火通明，经师们手执法器，身着刺绣精美的法衣，在高功带领下吟诵经典，祈祷国泰民安。信徒们则烧香磕头，祈求四季平安。

每逢初一、十五都有小庙会，每周的周三和周日是两个集中的古董交

易日,想整点鉴赏文化的朋友不妨走动走动,或许就有个大惊喜。

这里基本跟免费一样,不需要什么逃票路线。

此篇结束之际,小生想说句:也许你的信仰与他们无关,但我们没有权利亵渎他人信仰的权利,所以尊重他们,尊重他们的神灵,安安静静地闭上嘴,欣赏吧。

6 泡馆

先声明,不是让你泡麻将馆、茶馆之类没有技术含量的地方,咱这里品的是博物馆、展览馆、文化馆这些底蕴丰厚的陈年普洱。要欣赏这样的艺术宝库,对于贫客来讲难度系数增加了些。如果走马观花的话实属浪费,最好玩儿前能备备课,起码略知一二才能领略其妙处。

以碑林博物馆为例。

这三学街早有耳闻,因清代的长安学、府学、咸宁学均设在这里而得名。这碑林博物馆就在这里,其实多数城市的孔庙都成了博物馆之类的展览馆,碑林的文庙,公元1078年,为保存《开成石经》而建立,历经900多年,入藏碑石近3000方。现有6个碑廊、7座碑室、8个碑亭,陈列展出了共1087方碑石,可谓名碑荟萃,有圣儒、哲人的浩瀚石经,秦汉文人的古朴遗风,魏晋南北朝的墓志英华,大唐名家的绝代书法以及宋元名士的潇洒笔墨。

《开成石经》是唐文宗太和四年(公元830年)接受国子监郑覃的建议,由艾居晦、陈玠等用楷书分写,花费了大约7年时间,到开成二年(公元

837年)刻成的一部石经。其中包括《周易》6卷、《尚书》13卷、《诗经》20卷、《周礼》11卷、《礼仪》17卷、《礼记》20卷、《春秋左氏传》30卷、《春秋公羊传》12卷、《尔雅》3卷，以及《公羊春秋》、《孝经》、《论语》等经书，计114石，文刻两面，共228面，字列8层，约65万字。刻成后，立于唐长安城的国子监内，成为当时知识分子必读之书，也是读经者抄录校对的标准。此经是我国古代7次刻经中保存最完好的一次，它俨然是一座大型石质书库，在我国印刷术发明以前，对文化的保存和传播起了重要作用。

还有一件小事提下，高2.5米、重6吨的景云大钟就是每年除夕之夜中央电视台钟声的由来，看官不妨一览其姿容。

如今省级的历史博物馆大多免费了，这也是让人欢欣鼓舞的事，非常符合贫客的玩儿旨。就拿陕西历史博物馆，中国第一座大型现代化国家级博物馆来说，就很值得。

关于陕博，以我的历史积淀实难将其厚重内涵罗列一二，那就随便说说吧。

陕博为张锦秋女士仿唐代建筑风格设计的作品，展馆分为三部分，即基本陈列、临时陈列和特别陈列，收藏了全省各地收集到的文物37万多件。

进入基本陈列馆，映入眼帘的首先是序言大厅，有三幅巨大照片和一尊石狮。这尊石狮是复制品，真品放在武则天母亲的顺陵，高3.4米，重15.6吨，石狮相当雄伟独特。

步入展厅，先是史前时期，距今115万年前到公元前21世纪初，包括

旧石器和新石器时代。其中有猿人头盖骨化石，我们称之为"蓝田人"；旧石器时代的粗糙石器；有距今5000～7000年的仰韶文化新石器、陶器。

然后是奴隶社会的周代，以青铜器为主，其中一件青铜牛尊被定为国家一级文物。牛身为器，牛尾为柄，牛舌为流，整个酒器生动地展示了周青铜铸造业的高超水平。

再到秦朝，展出青铜剑、兵马俑等。

接下来的第二个展厅是汉、魏、晋、南北朝时期。

第三个展厅，先是隋朝和唐朝。其中，古唐都长安城的地图，让人颇为惊讶。古长安城占地面积83.1平方公里，主要分为三个部分，即宫城、皇城和外郭城，是现在西安城的9.3倍，人口超过100万。

然后是一些精美的手工艺品，如唐三彩、瓷器和金银器……让人惊艳的鸳鸯莲瓣纹金碗，唐墓壁画，并镇馆之宝——兽首玛瑙杯，都令人叹为观止。

接下来是宋、元、明、清，有值得一看的"青釉提梁倒注壶"，壶身装饰着牡丹、凤凰、狮子。其中，牡丹花被视为花中之王，凤凰被视为鸟中之王，狮子被视为兽中之王。这三王争霸的倒流壶被看做是中国古代最好的手工艺品。

好了，结束。说句矫情的话：泡馆一遭，格调都升级了，贫客们，还等什么呢？

7 拾遗

拾遗玩儿的是苍凉，而苍凉又何尝不是一种景致？譬如潼关故城。去潼关绝对是冲着肉夹馍——这当然是句玩笑。因那里有座古老的城池，一抹风干的残存在老潼关人记忆中的潼关故城。

潼关，古称桃林之塞，秦为华阳，东汉建关，以潼水而名。古潼关为兵家必争之地，如著名的东汉曹操与马超之战、中唐哥舒翰与安禄山之战……

《春秋传》中记载："秦有潼关，蜀有剑阁，皆国之门户。"《山海关志》又称："畿内之险，惟潼关与山海为首称。"就是这样一座"丈人视要处，窄狭容单车。艰难奋长戟，万古用一夫"的险峻古潼关，只能在残存的瓦砾间寻觅它曾经的灿烂和庄严。

步行40分钟迎来了这厚重的落寞，这里没有水泥金属建筑围墙，在历史里穿行，孤傲的故城满眼的绿意生机。

安静地走，能感觉到泥土浅浅下陷的松软，不由得感慨这一片黄土地孕育过多少豪杰英雄。原本就对土地有着特别的亲近，喜欢它的青草味道，喜欢它无限容纳的真实，如若只待在城市的混凝土丛林里，会有太多的孤独与不适。

走走停停已近落日时分，有风徐徐吹来，阴凉舒爽，索性寻了棵古柏就着它的影子躺下，看它蓬勃的枝叶蔓延，很久，很久。

告别，昔日雄伟的城墙、参天的古树、华丽的庙宇、熙熙攘攘的牌楼街，虽未曾熟悉却又要道声珍重。

苍凉是一种景致。

贫客们，不是吗？就如我们的青春，过去了只能缅怀。

潼关，是听来的潼关，是拼图的潼关，是梦想的潼关，还有关于潼关八景的片段。

第一景，雄关虎踞。

"秦山洪水一关横，雄视中天障帝京。但得一夫当关隘，丸泥莫漫觑严城。"清代的淡文远，以一首《雄关虎踞》，道出了潼关故城东大门往昔的威严。

雄关，过去是潼关故城东门的关楼。故城东门外的麒麟山角如猛虎蹲在关口，故有雄关虎踞之说。

那时的故城东门，北临黄河，面依麒麟山角，东有天堑，雄关是从东面进关的唯一大门，峻险异常，大有"一夫当关，万夫莫开"之势。若进关，需沿着东门外的陡坡拾级而上，仰望巍峨的麒麟山如猛虎雄踞，守卫着陕西的东大门，只是这一切也只能停留在某个记忆的点来缅怀。故城历经战乱，久成残城，雄关也成残关。

第二景，禁沟龙湫。

明代的林云翰有诗云："禁沟山下有灵源，一脉渊深透海门。龙仰镜天嘘雾气，鱼穿石髓动苔痕。四时霖雨资农望，千里风云斡化云。乘兴登临怀胜迹，载将春酒醉芳尊。"故时，潼关地势高亢，形险势阻，横有阎王沟、禁沟、列斜沟和禁沟河。自古登关一条道，贯通东西，禁沟铁桥、太峪水库功不可没。

那时，曹操与马超潼关恶战，马超兵败西逃。

更有公元756年，哥舒翰统兵20万镇守潼关，出关作战，被反军安禄山打败。

公元880年，唐将田令孜统兵10万镇守潼关，未料黄巢起义军由禁沟潜入，夺取潼关，直捣长安。

元朝末年，朱元璋攻破潼关，从而安定陕甘。

而这禁沟龙湫为当时胜景，上有悬瀑，下有深潭叫做"龙湫"。禁沟龙湫在禁沟水与潼河相汇处，北距潼关故城约2公里。

禁沟长而且深，水源来自秦岭蒿岔峪，并汇合沿途泉水流至石门关。石门关后沟床突变，湍流直下，飞沫四溅，好似白练高挂。此时，与潼河相融，汇为深潭，碧波荡漾，绿树成荫，颇有江南水乡的风韵。

第三景，秦岭云屏。

依旧是清代淡文远的诗："屏峙青山翠色新，晴岚一带横斜曛。寻幽远出潼川上，几处烟村锁白云。"

顾名思义，屏，取屏风之意。秦岭云屏，就是把秦岭云雾缭绕的自然风光比作潼关的屏风。

潼关南临秦岭，秦岭峰峦起伏，苍翠清新，有诗为证："终南阴岭秀，积雪浮云端。林表明霁色，城中增暮寒。"在秦岭山脉上悬崖壁立，动植物花样繁多，而且独具特色，赏心悦目。此处的秦岭云屏，雨雪前后，景象更为美妙，峰峦跌宕，浮云霭霭，若飘若定，似嵌似浮，来去无踪，龙腾虎跃，万马奔腾，时而如丝如缕，时而铺天盖地，千姿百态，变化无穷。

若遇旭日初升，云露初开，屏风乍现，五光十色，山为画，画为山，锦绣山水融为一体。胜哉， 胜哉。

第四景，中条雪案。

清代淡文远有诗云："迢遥北望俯群山，满眼平铺霜雪环。疑是蓬莱山上石， 移来一片拱岩关。"中条此处指中条山，如今划入山西省境内。中条山与潼关隔黄河相望，潼关北临滔滔黄河，南依巍巍秦岭，为兵家必争之地。杜甫有诗云"艰难奋长戟，万古用一夫"。崖绝谷深，只有一条小道通过，人行其间，可望黄河远道奔来，劈开秦晋的莽莽群山。

中条雪案，是指中条山上清幽的雪景。在当时，潼关正是军事重镇，设防北跨黄河，在蒲州境内设千总，管辖关津渡口。潼关故城正是欣赏中条山雪景的绝佳位置。险、奇、美、秀，云蒸霞蔚，群峰晶莹耀眼，夜月双辉，绮丽多姿，时而云雾缠裹，雪山乍隐乍现；时而山顶云封，另具一番风姿，夕阳西下，辉罩山顶，雪峰如犹抱琵琶半遮面的少女，亭亭玉立。入夜，似躲进白纱帐中的精灵，渐入甜蜜的梦乡。银为树，玉作峰，粉塑栏杆，素裹山川，琼瑶失色，云游雾荡。

如若置身中条雪案，恍惚间如入梦幻。

第五景，风陵晓渡。

"洪波一片接天时，几叶扁舟渡晓晴。秦晋漫云南北限，此陵自古达潼城。"风陵，位于潼关故城东门外黄河岸河滩。

风陵处的渡口叫"风陵渡"。

风陵渡自古以来就是黄河上最大的渡口。金人赵子贞曰："一水分南北，中原气自全。云山连晋壤，烟树入秦川。"据说，风陵渡名称的由来便源于风后陵。

相传轩辕黄帝和蚩尤战于涿鹿之野，起大雾，黄帝部落的将士顿迷失四方，不能作战。黄帝贤臣风后及时赶来，献上指南车，为大军摆脱困境，战胜蚩尤。可惜风后战死沙场，埋葬在这里，后来有了风后陵。后称风陵关。

唐圣历元年在此置关，又称风陵津，津即渡口，后称风陵渡。

还有一个传说，女娲为风姓，故称风陵，女娲的陵墓就是风陵渡。

风陵渡自古以来就是咽喉要道，魏国与秦国的古战场在此，东汉曹操讨伐韩遂、马超，西魏的宇文泰破高欢也在此。明清时设巡检司和船政司。雍正六年，风陵渡就有"官船十一只，水夫八十四人"，往来客商络绎不绝。

每日拂晓时分，沉睡的黄河刚刚苏醒，岸上树影依稀可辨，南来北往的客商就熙熙攘攘地汇集于风陵渡。推车的、骑马的、赶牲口的……热闹非凡。此时，遥望黄河，烟雾茫茫，桅灯闪烁。伴着哗哗的水声、吱吱的橹声、高亢的号子声，商人的呼喊声，古渡苏醒了。

第六景，黄河春涨。

明代林云翰诗云："冰泮黄河柳作烟，忽看新涨浩无边。飞涛汹涌警千里，卷浪弥漫沸百川。两岸晓迷红杏雨，一篙春棹白鸥天。临流会忆登仙事，好借星槎拟泛骞。"黄河冰解，两岸绿柳如烟，忽见河水猛涨浩渺无边。洪流奔腾，一泻千里，巨浪澎湃，百川汇流。伫立在岸边醉迷着杏花时节的清晨春雨，挥篙驱舟游荡在白鸥群中。撑船在黄河中随波逐流，遐想着登仙之事，最好还是驾着小船去效法张骞探寻黄河的源头。

读诗，若身临其境，春天到，万物复苏，春暖花开。在黄河上游的万山丛中，积雪开始消融，封冰已经解冻，滔滔的黄河水汹涌澎湃。站在潼关城头北眺东望，只见银光四射的冰凌伴随着河水汹涌而下，滚滚而来，水天一色，而商贾们争渡的情景尤为生动，一叶叶帆船傲居浪头，忽高忽低，时隐时显，风声、水声、吆喝声，声声入耳，不由得想起那句"争渡争渡，惊起一滩鸥鹭"。

第七景，谯楼晚照。

清代潘耀祖有诗云："画楼突兀映麒麟，斗角钩心满眼春。待得夕阳横雁背，鼓声初动少行人。"谯楼是古代建筑在城门上的楼，楼上驻兵，用以瞭望、报警、报时。而此处谯楼晚照之景，是指日落时候潼关谯楼也就是西城门楼上的景致。

潼关的西城门楼如果你不熟悉，那么"中流砥柱"这个成语熟悉吧，"吾尝从君济于河，鼋衔左骖，以入砥柱之中流"。现位于三门峡大坝下方的激流之中。黄河上的艄公又叫它"朝我来"。千百年来，无论狂风暴雨的侵袭，还是惊涛骇浪的冲刷，它一直力挽狂澜，巍然屹立于黄河之中。公元638年，唐太宗李世民写下"仰临砥柱，北望龙门，茫茫禹迹，浩浩长春"的诗句。著名书法家柳公权诗云："孤峰浮水面，一柱钉波心。顶住三门险，根连九曲深。柱天形突兀，逐浪素浮沉。"而这中流砥柱在历史的长河中大段的时间是位于潼关西城门楼下的。

西城门楼，雕梁画栋，飞檐叠嶂，古色古香，构筑精美，眺望城内巷道阡陌，起伏密布熙熙攘攘好不热闹。如今却只留下残垣断壁，在诉说着往日的辉煌！而那夕阳西下，晚霞似火，高大巍峨的谯楼，如披锦裳，跃于彩云之巅，雕柱斗角，飞檐钩心，光辉四射，而谯楼四周的"归鸿默默争先集，落雁翩翩人望中"，也只能成为画中的景致。

第八景，道观神钟。

明代林云翰诗云："隔断红尘紫气堆，仙家台殿倚云开。海鲸制就迷青雾，追蠡年深锈绿苔。百杵敲残天未曙，千门响彻梦初回。飘飘环佩空中举，又是朝元礼上台。"相传明万历年间洪水泛滥，黄河汹涌澎湃，黄

河内有雌雄二钟，雌钟为铁钟，雄钟为铜钟，两钟摩荡有声，雌钟止于潼关，而雄钟则流于陕州。

万历二十四年，雌钟被悬挂在麒麟山顶的钟亭上。钟亭四周绿树参天，白云缭绕，晨昏叩之，钟声抑扬顿挫。"宫商递变，律吕相生，声扬远闻"，清脆悦耳，山川生色。故有此景。

屹立千年岿然不倒的潼关毁掉了，梦里的潼关，依旧游人摩肩接踵，商贾如林，车水马龙。一派富庶、繁荣。

梦里的潼关，十二连城烽火起。

梦里的潼关，红叶晚萧萧，长亭酒一瓢。残云归太华，疏雨过中条。树色随关迥，河声入海遥。帝乡明日到，犹自梦渔樵。

8 访古

说起这访古拾遗，总有如数家珍的感觉，有很多很多这样的地方，遍地是宝，待我们去发现、去探索、去玩味。而我印象深刻的莫过于富县，让我们去领略这古代称之为鄜州的地方。

杜甫有诗云："今夜鄜州月，闺中只独看。遥怜小儿女，未解忆长安。香雾云鬟湿，清辉玉臂寒。何时倚虚幌，双照泪痕干。"诗中杜甫之妻所在地即为鄜州。时值安史之乱爆发，杜甫把妻儿安置在鄜州，便从鄜州奔向灵武，投奔新帝，半途中却被安史叛军俘虏，押解到长安。而此处鄜州便位于现在渭北黄土高原丘陵沟壑地。东靠黄龙山系，以晋师庙梁为界，与宜川相邻；东南、南部与洛川、黄陵相连；西隔子午岭、关山梁与甘肃省的合水、宁县毗邻；北缘丘陵沟壑与志丹、甘泉、延安接壤。

可见富县在古代就是块宝地了，过瘾自然源于它的古物，宝塔、古钟、石窟、秦直道、杜甫故居，数不胜数。

放下背包循着这些古迹游走在"塞上江南"，去捡历史的碎片。

先捡近处扫城，第一站县区的开元寺塔。据《鄜州志》记载："开元寺在城西北山阿，有白松古柏。城内半山有塔。顺治十二年，僧正兰常修。乾隆四十八年重修罗汉殿。孙之涛砌石为记。"由此可推断，开元寺塔始建于唐代。

开元寺塔坐落在龟山的半山坡上，坐西朝东，塔高32.8米，共11层，空心结构，以前有木梯直通塔顶，如今木梯已荡然无存。

庄严的塔居然让人想起烟囱，并且塔身已经出现倾斜，塔台下贴着告示，此为危塔，禁止游人登塔。并且上塔的台阶也被挡住了。台阶上放着打坐的无头石佛，是唐、辽遗物。雕塑虽已被破坏，但佛像的手和宝座下的兽面雕功了得，精细得让人诧异。登上塔台俯视富县，楼房林立，洛河蜿蜒贴着县城，塔下的山坡上是一些古旧的民居，那里的人过着悠然的生活。

如果能够攀爬，会看到塔身各层均辟有券门。第四层东门两侧饰有假窗。一至六层有斗拱，整个宝塔的构造风格酷似西安小雁塔，古朴庄严，气势宏伟。

从县城出发向西60公里左右，是陕北四大石窟之一的石泓寺，坐落在直罗镇川子河北岸，这里森林茂密，川子河水从寺前流过，是佛门修行的风水宝地。石泓寺建在山崖上，分布着大小七个窟洞，隋大业二年开凿。六号窟是石窟的主体部分，有砖木结构三开间二层楼的藏经楼。坛上有释迦牟尼、文殊、普贤、迦叶、阿难，均叠坐莲花。

更绝妙处在于，窟内石柱上雕满大小造像1331尊，衣纹流畅，神态逼真，或盘坐，或斜倚，或谈话，或沉思，神态自然，雕工精美。另西壁有大小造像1947尊。窟顶刻有几何花纹，书有"香花供养"、"释迦如来"的大字。

身临其境，雕像巍然，极为壮观。每尊造像无论从雕刻还是设计上讲，都有很高的艺术造诣。正如碑文所述，"石泓寺远观者丛林山岩，近视者佛地洞天"，真是鬼斧神工，实为珍宝。

接着，来到杜甫羌村旧居。距羌村四里处有一块巨石，刻有"少陵旧

游"四个大字，为明御史中丞王邦俊所题。"寂寞羌村路，少陵不复游。客来山欲暮，人去水休流。遗咏残碑在，录幽太洞留。悠悠无限意，俯仰已千秋。"访羌村，悼杜甫，听这千年的古音。

杜甫早年南游吴、越，北游齐、鲁，过着"裘马颇清狂"的漫游生活。唐天宝五年入长安，求官不遂，困居10年，44岁，勉强得到一个看管兵甲器仗的小官。不久，"安史之乱"爆发，杜甫携妻带女避难到鄜州羌村。从此，这个"涧水空山道，柴门老树村"的偏僻小山村成为诗人及全家寓居之地。

肃宗继位后，杜甫决定北赴灵武，投奔肃宗。但途中被叛军俘获，押送长安。脱险之后，并没有得到肃宗的重视，仅仅授给他一个八品小官——左拾遗。但因上疏劝谏肃宗罢免宰相房琯触怒肃宗，被肃宗诏三司推问，幸得宰相张镐力救，后回乡省亲。

于是，便有了广为流传的《羌村三首》。

短暂的休整之后畅游八卦寺塔群。塔群坐落在张家湾镇八卦寺村北，相传以前有八塔，故称为八卦寺。

不过，现在仅存砖塔三座。北塔结构为八角九级，高9.3米，各层均为砖雕仿木结构，枋头、斗拱四匹砖叠涩出檐。塔顶以砖叠涩收分呈锥形，顶有球形塔刹，塔体实心。

中塔为四角九级，目前残高8.5米，各层均以砖叠涩出檐，檐角稍作起翘，檐中部略下凹。塔顶以砖叠涩收分，以砖砌塔刹。

南塔为八角九级，残高8.65米，塔身各层以砖叠涩出檐。整个塔群造型简洁美观，比例适度，格调古朴庄严。

最后，来欣赏美轮美奂的柏山寺塔。从县城向西北50公里处，便可见直罗镇柏山上的塔，宋代建造，十一级八边八角形密檐式砖塔构造，塔高43.2米，每层檐下有砖雕精密的斗拱。外壁从下至上逐层收敛并敞窗开龛，龛内置雕工精细、造型优美的罗汉、天王圆雕。

塔群造型别致，秀丽挺拔，实属珍品。

如此赘述不过九牛之一毛，旅途中的种种见闻，渐渐让人失语，历史的自然的礼物纷沓而至，我们唯有汲取汲取再汲取。

9. 野趣

欣赏了舞台剧高雅曲，我们也来点小儿科什么的，像本山的二人转啥的，不起眼但挺逗，挺放松，比如玩玩儿农家乐，钓钓鱼，抓抓螃蟹，看看桃花。

我个人不是钓鱼高手，别人的钩是一而再，再而三，三也不竭地噼里啪啦地被咬，还有一箭双雕的，而小生的却纹丝不动。不由得怀念起小时候的辉煌战绩，全民总动员，各自拿了独家秘制的鱼饵目定神闲。一个中午，河边挖的小水坑里就十来条鱼儿活蹦乱跳了。凯旋的时候找一条结实的稗草，依次串上，耀武扬威地从那些个手艺一般的小喽啰们面前晃过，那个神气啊。

话说这长安区依山傍水，自古就是历代帝王休闲的场所，如今沿路遍布着农家乐。由西至东有祥峪农家乐、丰峪口农家乐、上王农家乐、桥村农家乐、内苑农家乐，这些农家乐靠着高冠瀑布、丰峪口河、皇峪河、石砭峪河分布，便宜好玩儿又有美味，乐哉乐哉。

如果确实是一分钱不想花，那就彻底地亲近自然吧。寻一处幽静的所在，有河，有树，有野花，没人，哈哈。古朴的土木屋，屋前弯弯曲曲的篱笆墙内是土木屋主人的小菜地，绿油油一小方一小方交相辉映。还有大片大片的麦地，被近2米高茂密的稗草围着，耳边是潺潺的流水声，眼前有白色的鸟飞过，或者是白鹤，或者是水鸭，也可能是天鹅。

可以席地而坐，拿出自带的鸭脖、凤爪、鸭肠、瓜子，啤酒随手丢在麦茬上，边吃，边喝，边聊，怎一个惬意了得！

恍惚中，兴许会生出梦想，不如把哪间土木屋租了来，待个一年半载的，畅享涤荡，何必远行。如果手脚痒痒了，可以下河，河面上零星漂着水草，水草上点缀着田螺。

记得某年，到一个很美丽的南方小城，住在一个村落里，四面环山，吃的用的基本自给自足。我喜欢腻在池塘里摸田螺，很大个的，一小会儿都可以摸一筐。回到住处，淘洗干净，开炒，味道之鲜美足可以让人吞了舌头。城市里夜市上那一大盘一大盘的无可比拟哦。

还有更有趣的，搬开河里的石头居然藏着螃蟹。大呼小叫地抓螃蟹，又是一大乐趣。只是我比较菜，不是我抓螃蟹而是螃蟹抓我。正要小试牛刀，那个英雄螃蟹一下子就钳住了我的拇指，一声惨叫，把那家伙甩出好远，心怦怦跳，都要冒出嗓子眼了。唉，天生不是这块料啊，尤其对那种脚比较多长相又不敢恭维的小东西心生惧意。

如果这些都做不了，那也可以采些野花野草，和花仙子玩玩儿。

还有些野趣与访古有关，还记得那首《题都城南庄》否？

那年此时，博陵崔护也曾伫立门前与村姑谋面，桃花得意，人面娇羞。翌年此时，桃花依旧，人面已杳，怅然题诗：

去年今日此门中，人面桃花相映红。

人面不知何处去，桃花依旧笑春风。

如今踏进了这古韵桃花的门，花魂扑面而来，微风过处，侧耳细听，是否还有那清丽的叩门之音？孤洁寡合的崔护，于清明时分，独游至此，桃花簇簇，人音寂寂。

噔、噔……阳光处灿若桃花的容颜，轻轻呓语若庄内流水潺潺。

崔护"寻春独行，酒渴求饮"。而我等只能自备王老吉，踏着故去的足迹，觅得零星的情语。

桃溪山庄濒临荒弃，水已干，屋已倾，只有桃花兀自妖娆着，一簇簇一枝枝一棵棵如女子，如清风，如晚霞，如明月，如那日独倚小桃斜柯，绰有余妍的桃花女子。

一番相识相知，崔护与女子情定桃花，只是心已知，言未明，匆匆别离。次年，崔护情不可抑，径往寻之。叩门依旧，桃园终寂。

此情此境，犹在清明时分，悲情满溢，挥笔作别，题都城南庄。

据说，该女子自崔护辞别相思甚密，一病不起，终化为一缕香魂随风而去。

此刻，我闻着花香，不知哪一瓣曾寄托着她无尽的情思，白的太淡，粉的太薄，红的太重，许是那清风过处零落沟渠的香吧……

不过回来后，看到了中国式才子佳人大团圆的结局。

崔护作诗后又至都城南庄，记载如下：

后数日，偶至都城南，复往寻之，闻其中有哭声，叩门问之，有老父出曰："君非崔护邪？"曰："是也。"又哭曰："君杀吾女。"护惊起，莫知所答。老父曰："吾女笄年知书，未适人，自去年以来，常恍惚若有所失。比日与之出，及归，见左扉有字，读之，入门而病，遂绝食数日而死。吾老矣，此女所以不嫁者，将求君子以托吾身，今不幸而殒，得非君杀之耶？"又大哭。崔亦感恸，请入哭之。尚俨然在床。崔举其首，枕其股，哭而祝曰："某在斯，某在斯。"须臾开目，半日复活矣。父大喜，遂以女归之。

崔护作诗的背景是实，后来便是虚虚实实，之于我，更愿意听闻朋友的版本。不是我的铁石心肠，而是现实的爱情也许只能以死明志，而童话故事的结局王子和公主从此幸福地生活下去，总让人联想起之后的凡尘俗事。既然杜撰，无妨凄美些，就像我明知那桃花的红无关那相思的脸庞，可我依旧相信那香魂停驻的伤怀。

桃花，爱情，起起落落，桃溪山庄明年此时是否依旧笑迎春风已然是个未知数了，只是那爱情的传说依旧流传，千古余韵不息。

让我们在野趣的余味中进入爱情的篇章，毕竟爱情才是落入凡尘最美最暖的烟火。

2 chapter

贫客玩爱情

不要以为我们个儿小、钱少，
我们就什么都不知道，
我们就堕落、失落、沉沦、
轻浮、低贱，垮掉、坏掉、倒掉！
我看你是即将OUT掉，
哥们儿穷点有什么关系呢？
但咱学富五车才高八斗，
温柔体贴绝代风华，
人见人爱花见花开，
就你那点钱算个鸟！

哥们儿穷点也没什么错，柴米油盐酱醋茶，温暖相守且歌且行，也能谱写爱情的传奇。虽然这世界变化快，但大抵萝卜青菜各有所爱，谁规定只有钻石王老五才有资格卿卿歪歪？我用才干勾搭你，你用烈火燃烧我，来一场茶饭不思、牵肠挂肚、赴汤蹈火、倾家荡产（有多少倾多少）也在所不辞的爱情。

当然，小生绝不是标题党，穷人玩儿爱情跟玩儿命差不多，得有料。如果你因为穷怨天尤人、斤斤计较，过度敏感、狭隘、庸俗，那你的爱情自然嗝屁，你也就放下此书，哪儿凉快死哪儿去。

在如今"拜金女"、"宝马男"横行的年代，爱情似乎也开始有了明码标价，但小生在这里要奉劝下各位看官，莫要泄气，韩老大对此习气已经替咱们作出回应：滚蛋。大家先绿箭伺候，镇定镇定，不要被"宁愿坐在宝马里哭泣，也不愿坐在自行车后座微笑"给吓退。

这个时代，我们不管它是如何地浮躁，也不在乎人们价值观如何地多变，只要贫客们始终尊重自己的内心感受，就总能遇到出淤泥而不染的沉静内敛的男生女生。与物质无染的一段倾城之恋是我们所渴慕的，尽管我们没有香车豪宅，但我们的爱情就是能在贫瘠的物质中开出花朵，掀起高潮。

人生在世，草木一秋。爱情是上帝赐给我们的礼物，我们自应尽情享受它的快感，而不是让其荒废！相信我，只要你是人类的好朋友，不论是男人、女人，还是半雌雄或者伪娘们，你们都可以是玩弄爱情于股掌之间的欧阳锋一级的大侠！尽管放心地对爱情大喊：小样的，你给我过来，看

1 塑造自己

　　首先去旧货市场弄辆像样点的电动车，只要发动时轮子不掉就行，没事就时不时往发动机上踹几脚，尽量把噪音往大了整，好吸引路边的野花和探出墙外的红杏。如果还不过瘾，再雷人一点，车子后座装个音响，音乐起时，当然不能像工地上的哥们儿那样，一脚油门，一阵黑烟，噪音震耳欲聋，不是火辣辣的情就是火辣辣的爱，送你送到小村外，傻妹妹啊这样囧的歌曲。如此方圆十里的人、鸟、植物、猪都会被搞得不得安宁，不但邂逅不到帅男美女，估计伪娘们、半雌雄们、人妖们、同性恋们也够呛。所以要来点有情调的，比如用杨坤大哥的《穷烂漫》来烘托气氛：记得那天，走过街边，回想起从前，骑着破车唱着老歌，那么的快乐……

　　一旦遇到来电者，就尽情地互相了解去发展。相信自己，咱们都是80后有修养有文化有内涵有魅力很写意的一代，自然不是60后70后随地大小便放屁挖鼻孔抓痒提鞋吐痰的一代大叔们。只要你展示出真实的自我，就已经跨入恋爱门槛一大步。但要想全部跨进去，永不出来，仅此还不够。小生认为，必要的时候，还得再修炼修炼，拿出点城府来。

　　何为城府？即两人单独在一起时，对方笑的时候你不笑，对方讲个不可笑的笑话时你狂笑。对方不小心放了个屁难为情时，你假装没听到。对方有什么苦难，你第一时间到，尽管可能什么也帮不上，但心意要让人家领到。总之，给他（她）出其不意。

贫客怎么玩

048

种子在黑暗的土壤中历经寒冷与潮湿仍不屈地向上，它不断地汲取营养塑造自己，最终长成参天大树；砖块在熊熊的烈火中经受炙烤和焚烧仍不息地忍耐，它不断地接受锤炼塑造自己，最终建成摩天大楼；江河在跋涉的征途中历经九曲十弯、高低回旋仍不放弃追求，它不断地在前进中塑造自己，最终汇成了浩瀚博大的海洋；航船在漂泊的征程中经受风吹雨打、霜侵雪染仍不改变初衷，它不断地在浪涛中塑造自己，最终抵达光明璀璨的远方。

面对这些，小生若有所悟：我们80后一代，20多岁，没钱还要玩爱情，只有不断地磨砺自己，把自己打造包装一下。

塑造自己吧，做好第一步，为坚实的爱情打好地基！然后，跟随小生往下看……

2. 借鉴经验

尽管我们已经20多岁，但在爱情的道路上不得不承认一个铁的事实：我们还算稚嫩一级，爱的体验还是会让我们屡屡遭受磕磕碰碰。因此，不妨学习下前辈的经验，少走些弯路。说张三李四王麻子你不知道，就说说明星吧。其实，明星也是普通人，也会打嗝，也会出眼屎……看看他们的恋情，或许我们会感悟到一些关于爱情的技巧。比如那个小林，字心如的同学就曾自言自语说，那时我们都不够成熟。

林心如在青春时代遇见小志，单纯得一丝不信任都不能容忍。小志在台湾如日中天，心如接拍《还珠格格》也忙得不可开交。距离的差距让小志很没有安全感，两人终究抵不过流言蜚语。林心如那么傲的一个人，解释了一次，就决不会再解释第二次。那么多年过去了，她与苏有朋之间的绯闻早已随着时间的流逝，证明当初只是流言，他们说到底只不过朋友而已。而她与小志却再也回不到从前。

20多岁，我们都不够成熟。我们彼此像刺猬一样靠近，为了对方的感受生生把身上的刺拔掉，血肉模糊也在所不惜，最终赤裸裸地站在对岸遥望。原来那时太年轻，很多事情都傲起来；原来，刺猬与刺猬的相依就是因为那些刺的存在，才使得他们拼命想要靠近而不是远离。

通过心如美女的恋爱经历，我们贫客朋友要注意了：恋爱时要学会理解，懂得信任对方，别等到七老八十年华逝去时才感叹：唉，那时我还不够成熟。

贫客怎么玩

050

还有小齐，爱王祖贤爱得差点不认识自个儿的齐秦同学，也曾后悔没有认真地谈一场校园爱情。

齐秦在最贫困最叛逆的时期遇见了一个同班女孩。她的到来犹如天使。女孩子的心理似乎要比男孩子成熟。她理解他的叛逆，好言相劝。可男孩子正值叛逆的巅峰，女孩不得不遗憾放手。这也成了齐秦一直不能释怀的悔。

校园里的爱情，多是纯洁而不带功利色彩的。与社会上的奢华相比，这里的爱显得更加晶莹。爱就爱了，恨也就恨了。这时的爱更应该珍惜。错过了校园，再也找不回那单纯的微笑。你们可以牵手漫步，可以晨跑阅读，可以一起奋斗……是的，校园的爱情，叛逆有度，可爱情无价。如果哪位贫客看官还是在校学生的话，那就敬请好好把握时机哦。

还有徐若瑄，她的爱情至理名言是失去初恋后才感悟出来的，那就是爱情需要给彼此空间。

初恋时的徐若瑄，只凭感觉做事而常常没有考虑男友的心情，每天想他的时候总会不停地打电话，时刻关注他在做什么，跟谁在一起，在哪里。这是热恋男女通常都会做的事情，好像以此证明自己是真的很在意对方。可是时间久了，这样的死缠烂打在情人眼里会变质。小女生徐若瑄不明白这个道理，失去了挚爱着的初恋，痛到连走路也成了一种奢侈。

唏嘘了吧，各位？所以说，一旦恋爱，在两个人的生活里，一定要有各自的朋友和工作，玩点别的章节的内容。这样就不用无聊到天天腻在一起，加快感觉的腐烂与变质。时间会拉长记忆，空间会给予距离。距离原本就是一个悖论：长了，缺乏安全感；短了，很容易起腻。这个空间是个度，爱情里的人们自然会知道底线在哪里。20多岁的我们正是需要空间的年纪，我们需要彼此信任，需要彼此关心，更需要给彼此留下空间。

光鲜的天王大家都熟，失恋的天王很少见不？真是少见多怪，刘天王就是其中一枚，原来天王也有被甩的经历。读书时，这位现今的大众情人刘德华曾被女友抛弃，黯然神伤，独自疗伤了两年，至今仍感叹连连。后来的后来，我们看见刘天王很有担待地牵着朱丽倩的手，不再遮掩这难得的感情。这是怎样的爱，使得她能够站在自己的男人背后，默默承担明星所有光环下的压力，一次次地违心否认自己的合法地位？只为了那个男人，只为了他的追求理想，便甘愿放低自己到尘埃里，谁能说她不爱？

看到此处，相信各位看官心里已有所彻悟。其实，我们每个人都是上帝的天使，上帝希望我们获得幸福。第一次恋爱，不要以为分手后就失去了世界。上帝不会这样对待我们，他已经为咱们安排好了下一个。所以，失恋了的80后兄台，上帝对我们很偏心。当你失恋时，他老人家正安排着下一场真爱与我们相遇，一定要懂得珍惜。

最后说说帅得一塌糊涂的陆毅哥哥。把爱情挂在嘴边的人不少，将爱情进行到底的则很少，在这蜚短流长的娱乐圈更是奇迹。而陆毅这位大帅哥就是其中之一。上学时对鲍蕾一见钟情到现在两人育有宝宝，他即使是在最当红的时期也没有变心。他的身边几乎没有出现过绯闻，正是因为他的坚持他的真心，让所有媒体都不愿意无端制造是非去拆散这一对幸福鸳鸯。

看着家庭合照上甜蜜微笑的三个人，他们对爱情的幻想最终以幸福结尾。专一的爱，矢志不渝，我们是不是也需要学习下？

榜样已经有了，我们贫客稚嫩的爱情还需要什么？小生这就给你分解爱情的表达方式。

3. 爱情表达方式

我不知道该怎么跟她说，说些什么内容好呢？要是表白了被拒绝怎么办？老大，矜持什么啊，勇敢点，否则，光棍去！

爱不表达则不存在，爱情是需要表达的。最直接有效的一种方式就是用言语说出来。不要轻视这一句简单的话，它能将所有爱的信息全部透彻地传递到对方心底。经过表达的爱情才被赋予了生命，也有了意义深刻的灵魂。

爱情的表达，就是为了给对方看自己的那颗心，看那颗心里的爱恋、温情、惦记和颤动。对平平常常的人来讲，这种以心换心的事最好以朴素的、细微的、绵长的方式来进行，这才和我们朴素的、细微的、绵长的生活更加吻合。

爱要说，要让对方明白你的爱意；爱也要做，以证明你爱的深度。这是一个五花八门的社会，理所当然地存在着各式各样的男孩女孩，遇到不同的类型，爱情的表达方式当然也不尽相同。小生这里随便介绍几十种表白方式，请君随意。开玩笑的，不过几种还是有的，比如她喜欢冒险，需要消耗多余的体能。她不听别人的劝告，非要攀岩，那么你先不必理她，让她一次次滑下来。等到她筋疲力尽的时候，你再出现在她的面前，告诉她攀岩的要领。当她学会以后，肯定会提出和你比赛。你就可以把她带到丛林深处，用熊熊的篝火点燃她心中的爱情。

或者她就像一只花蝴蝶，喜欢在花丛中飞来飞去。如果你想取悦于她，那可不是一件容易的事情。你不仅陪她玩完第一篇所说的天涯海角，闲下来的时候还要读书给她听。不过，你可以乘机把你为她写的几首蹩脚的情诗念给她听，看看她的反应。

如果她相当善良，你可在条件成熟的时候，带着她来到荷塘边，给她讲一讲你的奋斗史，直到她感动得热泪盈眶。然后，你再告诉她，其实你在我的印象中就像并蒂莲下的藕，在朴素的外表里面是白玉一般纯洁的心灵！

如果你的她有点小小的虚荣，在她生日的那个晚上，你倾尽囊中所有，在尽量温馨的有情调的小馆子里为她成功举办一次烛光晚会，然后当着所有人的面，你大声宣布对她的爱：你就是我心中的太阳，永远闪耀在我的天空，只要和你在一起，我就会天天心花怒放！

如果她是认真细致的，对一个大老爷们来说就比较难应付了。和她在一起，你不仅要特别注意自己的形象，还要时刻检点自己的一言一行，才有可能赢得她对你的好感。当她提出要去你住处参观的时候，你一定要提前把屋子收拾得井井有条，把房间里打扫得一尘不染。当她走进你的房间，你关上门带上锁，然后对她说，其实你就是这样闯进了我的心门，可是现在我却不小心把钥匙弄丢了，你说怎么办呀？

可喜可贺，你遇到了浑身都洋溢着艺术才华的她，她的脸上永远挂着一抹不会凋谢的微笑。要想征服她的心，有必要先去网上搜搜资料，学学美术、舞蹈，偶尔从野地里采一束花送给她，说，为了你的美丽，我愿意化作一滴露珠滋润你的心田……

当然，以上这些各位看官要灵活运用，不要生搬硬套像背台词一样，万一对方不幸也看过这本书，那岂不是惨了？还有，捕获爱情有一条最佳捷径，小声告诉你，那就是真心。真心的爱情即使没有技巧也一样鼓声震天。

4 保持新鲜

爱情是易碎的瓷瓶，如何保证瓷瓶不碎，令两人乐在其中？不妨听小生讲讲爱情保鲜术。

喜新厌旧是每个人固有的惯性。小时候，玩一种游戏或者玩具，时间一长就会腻，想换新的；一种饭菜天天吃，会反胃；一首好听的歌曲，就算听100次还觉得好听，听到第101次会烦。爱情也是一样，天天守在一起，天天看着那张亘古不变的脸，再加上诸多的意见不统一、摩擦、磕碰，能不腻吗？搁下手头事，听小生把保鲜术细细道来。

首先，要从硬件入手。时常变换一下服饰，变换一下发型，变换一下彩妆。其次软件也动动，动动会好受些。偶尔撒撒娇，偶尔要要小性，偶尔调调皮，偶尔吵个小架，都是不错的生活调剂。软件、硬件不时地变换下花样，每天都有惊喜，每天都像换女友换男友似的，够新鲜！

还有，凡事留个心眼，错了，是要留有余地，不要让对方把你了解得透透的：你一张口，对方就知道你要说什么；你一抬脚，对方就知道你要往哪儿走。人都有探寻未知的好奇心，如果你有很多对方未知的成分，他（她）就会认真地来体味你，对你怀有兴趣。如果你能坚持一周不与对方嘿咻，对方肯定会主动"攻击"你。对方如向你探问某些小事，你不妨歪着脖子，故意气气："我就不告诉你！"对方听了，肯定会扑上来，抓你的痒、抱、吻……说不下去了。

最后，也是关键的，要学会"换位理解"。要多站在对方的角度，设身处地地多做理解的事、多说理解的话。如果你是女方，在对方有急事来电话告知你时，你应想到这是他的一种负责的态度，是礼貌的表现，也不乏愧疚的歉意。你就应该说："好好办事，办完早点回来噢，亲爱的。"这时对方会是什么心情，小生不用说了吧？尤其是最后那个亲爱的，小生一大男人都肉麻了！可是，如果你说："整天就知道忙，那么多事被你碰上，是事重要还是我重要？"对方心里是不是犯堵？能开心吗？同样的事情，如果你是男方，她有急事来电话告知，你应该对她说："路上注意安全，回来之前给我打电话，我去接你……"她肯定会心生感激。如果你说："是不是有人对你别有用心？你是不是外面有人了……"那她还不气得和你大吵一顿？

所以说，爱情这个东东，最重要的是理解、体贴，给彼此的空间留有余地，找回新鲜的感觉。每个人在人生当中都经历着爱情，每一对热恋中的情侣，都希望有一段天长地久的爱情，在幸福和快乐当中"执子之手，与子偕老"。其实，爱情就像家里后院的一棵树，需要你不断地为它提供营养和水分，才能长久存活，慢慢长大。

5. 丑妹妹与穷哥哥

为什么把这个题目单列出来，因为这是我们整个民族的大不幸，小生力量有限略尽绵薄之力吧。中国人在生存竞争的路上跑得太远，已经完全丧失了同情，男人谈不上去爱个丑女人，女人也很难去爱个穷男人。在本世纪，国人共同为金钱发疯，挑选恋爱对象也就成了一个排序活动：男人把长得美的排在前面，把长得丑的排在后面；女人把成功人士排在前面，把非成功人士也就是穷小子排在后面，这成功的标准就是金钱名利。而这种排序活动国人最为热衷。我们做什么不排队啊，买便宜一分钱的鸡蛋都能排成长城。

这种排序活动自古有之，譬如远古时代的打猎，谁打到最难打的猎物，谁打得多，谁就是英雄。如今的男人还有着这样的习俗，不过猎物成了女人，他们不无骄傲地把追到的女人带到众人面前，也是一种竞争成果的展示，正如他向别人展示他的车、房、职务、权力那般顺手。对于那些握着丑女手的男人，其余男人总是斜着眼睛藐视他们没有眼光。他们真的没有眼光吗？小生说，你也太OUT和简单草率了。人家已经退出了市场竞争的原始阶段，上升到精神的愉悦中去了。歇菜吧你，你那都太小儿科了，只有处于少年时期的小子才受生物本能的驱使，去追求漂亮的外表，而你已经长大有思想了，还受过良好的教育，你就不能上升一个档次，去看重心灵的撞击、思想的交流，在生物本能之上来一次质的超越？你们不能接受丑女，因为你们还停留在基于生物本能的生存竞争阶段。一个人在最基本的生物需求得到满足之前，是不会考虑更高层次的满足的。美女能激发你们的性欲，而丑女则不能，这反过来也说明你们还停留在满足性欲的阶段。福塞尔在《格调》中提到：新贵们开着闪闪发亮的奔驰招摇过市，而"老钱"们反而低调地坐在一辆辆落满灰尘的普利茅斯中。同理，让一位钻石王老五开着破桑塔纳身边配一丑女，那简直就是要了他的命。

不过这样的命要了也就要了，太丢份，不是吗？且这样的劣根性不只体现在丑女身上，也体现在他们自身的精神软弱上。举个例子，他们不是不需要交流思想，只是他们更愿意和狐朋狗友去交流，而女人只有听他们胡吹的份儿，他们不能容忍一个女人跟自己平起平坐。一个女人稍有能力，便被大家讥为女强人。女强人是什么人？那是大家敬而远之的一种人，因为她们让男人受到威胁，他们需要在女人面前展示自己的强大，需要受到女人的尊敬。因此，这女人必须比他低才能显示他的男人气概，而强大的他们在失败之后，又需要这个低到尘埃的女人极为宽阔的胸怀，这时候才想起同患难来。

这是不是男性崇拜在作祟？用弗洛伊德的话来说，就是阴茎崇拜，女人低男人一等，往往因为她的性别，一出生就得不到父亲的爱，这就造成了她对男性的敬畏感。后来她长大了，嫁了一个丈夫，同样也得不到丈夫的尊敬，这更加深了她对男性的敬畏感。因此，当她有了一个儿子，她就不可避免地把她对男性的崇拜敬畏之感转到儿子身上。她给儿子以最大的注意力，把最好的食物留给他，而不是女孩子们。她的儿子长大了，带着她赋予的在女性面前的优越感。这个儿子又生了一个女儿，同样，这女人也带着对男性的敬畏感长大。

贫客怎么玩

068

小生作为一个男人也看不下去了。姐姐妹妹们站起来吧，女人要学会尊重自己。一个不尊重自己的人，也很难得到别人的尊重。去死吧，狗屁的崇拜，我们的智商是一样的。

不要听那个猥琐男的高谈阔论！他们说，如果你想追到一个非常漂亮的女孩子，首先要打掉她的骄傲。他们总是对女人批评、批评，再批评，还美其名曰"这是为了你好"，他们连朵花也舍不得送，理由是太不实际。遇上这样的男人，趁早要他滚蛋，哪怕我们就是个土豆，那也应该是他的公主，不是嘛？天涯何处无芳草，何必单恋一棵草。这是什么在作怪，自卑，自私？他们抱怨现在有爱心的贤惠善良的女人越来越少了，有爱心是什么？就是无私奉献；贤惠是什么？逆来顺受。的确，无私奉献的人是少了，逆来顺受的也凤毛麟角。凭什么呀，你以为你是谁啊，王子？神灵？省省吧，你有那点时间还不如多想想怎么提高自己的情商，去赢得真正心灵交合的爱情。

把那些夸夸其谈他们成就、学位、职业、经济状况的冷血无知机器人们踢出局吧，把那些能和你交流个人爱好的划入自己的视线。同样的，男人在寻找自己的恋人时，把那些只知道问你经济情况，有什么学位，其余都和她不相干的弱智女人撇下吧，让傻瓜捡去受罪去吧！

两个能兴趣相投、心心相印的人，才有幸与幸福结缘。

6 穷爱情，富煽情

小生也算是有把年纪了，见过听过不少关于爱情的桥段，有些桥段让小生唏嘘的同时深感爱情的玄妙，那真的与金钱的数字无关。这对朋友可说是青梅竹马，住在一处乡下的老屋里，那时候还不流行爱情，老屋的水缸一起打破过，炕板一起跳塌过，一起在火炉的余灰里烧土豆，一起在滚烫的火墙上烤馒头，一起挨打……那种少年的快乐就是聚宝盆，给座城池也不换的。后来他们渐渐长大，有了爱情的味道。他送来的君子兰连叶片都散发着阵阵清香，他摇过的蒲扇一夏都徐徐送着清风，他添了煤的炉火熊熊烧了一整个冬天，缸里他挑过的水涌不尽的清冽甘甜……他的一举手一投足都是三月里的春风、冬日里的暖阳，那时候就是离了老屋和他奔赴天涯，同行海角，风餐露宿也是愿意的。那时候有了期许，关于爱情的生死相许，天长地久，那时候的甜蜜连老屋的墙壁都涂上了蜜汁。

再后来，他们离开了乡下，住进了居民楼。他不需要给水缸加水了，拧开水龙头自来水就哗哗流出来，充满漂白剂的味道，再也没了老屋缸里的水甘甜，她便很少喝水了。也不需要给火炉添煤了，他开始每月从保卫处的小屋里扛一罐煤气上来。没有火炉也就没有余灰烧土豆了，她用煤气灶把土豆丝烧得清脆爽滑正是火候，可他渐渐不怎么回家吃饭了。没有了火墙不能烤馒头了，她用面包机一块一块烤着馒头片，一个人在家打发时间，一个人吃，馒头片没有了在老屋时的酥脆醇香。

没有了老屋的火炉，没有了围坐在火炉边烤火的谈笑风生，没有了指尖触碰时的电光火花。暖气很足，可屋里却冷清；家具精致，一尘不染，床也精致，再不用担心会跳塌炕板，会一起挨打，却很少再在床上嬉闹玩笑了。

再后来，他们赚了些钱，又离开了居民楼，水龙头里的水只用来洗衣服了，喝的吃的都是桶装的纯净水，厨房也很久没有进去过了，冰箱里堆满方便食品，也已经很久没人动过了，墙壁更加鲜亮，空气却更加冷清，那床越发精致越发松软越发没有热度。一个人的时候是叹息，两个人的时候是两声叹息，对于生活，似乎离了乡下离了老屋就死气沉沉了。

终于，有一个人说，散了吧！俩人便都松了口气。

她只身一人回到乡下。老屋还在，那时的小黄狗长大了。黄狗闻到主人的气息，一阵风卷过来在她身上又抓又蹭，嘴里呜呜的，是思念也是倾诉。一进屋，她直奔水缸满口地灌下去，果真是久违的清冽甘甜。

她哭了，然后烧旺了炉火，土豆的香气满屋飘溢，火墙上的馒头烤得酥脆焦黄。

后来有次碰到了他，他还是孑然一身。问及情况，他说，也碰到几个，但都是看中了他鼓鼓囊囊的口袋，谈何真心，自己又不傻，拿钱买女人，那和爱情有什么关系。

又过了段时间，收到了他们的结婚请柬，赫然印着青梅竹马的两个名字。婚礼是在老屋办的，火炉上煮着大锅的红茶，比什么人头马XO更醇香爽口。

后来他说，我终于发现爱情与屋的大小、家具的陈设、饭菜的鲜美、水质的好坏并没有直接关系，是我们的心动了，好在我是浪子回头能换金呀。

无需多言，贫客们，知道小生想说什么了吧？不要拿爱情当买卖。你计算爱情，就是计算自个儿，不要做除了钱什么都没有的穷光蛋，宁愿做个什么都不缺，除了钱的贫客。精神的富足是至高无上的快乐，而物质不过是生存的必要罢了。

7. 爱情有度

小生有一朋友搞文字工作，常见其左手摇着一杯红酒，右手熟练地操作着鼠标。我们谓其贪杯，她也不辩解，只弄出一大堆理由来支撑：哥们儿贪杯却不买醉，只喝六分，整个人就顺了，路过的人、路过的事便觉美好，想忘记的也忘记了大半，想留下来怀念的，也是放大了数倍，在心里清晰！如若多了，轻则头晕目眩，重则翻江倒海，失去了喝酒的价值。

她说得没错，酒是要喝六分的，就像牛排煎成七分熟，再熟便失去了嚼劲，生了则满嘴血腥，七分的牛排够力道也够美味！也如饭要吃七分饱，过量了胃就难以承受，不够呢又亏了自己不多的人生，七分饱刚刚好，唇齿留香后起身走走，既健康又省去了减肥之苦。

如果说酒会伤神，能伤多少呢？最多一分吧！但少了那一分，整个人就不够敏感了，不够细腻了，不够完美了。可人生只此一次，何必太敏感、太细腻、太完美呢？

书归正传。说到爱情，为什么总要希求全部，非要拿到十分呢？年少时总是不懂得，爱情来得总是很凌厉。付出的多，甚至超出了十分吧？可是，爱情正如手里的沙，越抓越少。所以，年少的爱情最易夭折。所以，爱情也如贪杯吧，可以多一点，至多不要过了八分吧？已经多于饭饱了，剩下的那两分留给自己，两分给自己奢侈吗？爱过，痛了，也有个回转的余地，何必非要把自己逼上悬崖边缘，然后面目全非呢？

爱情篇结束了，小生略略地和贫客们讲了抓住爱情、玩转爱情、保鲜爱情和真正的爱情，最后又告诉贫客们爱情不是生命的全部。贫客们，加油吧，祝愿天下有情人终成眷属！

3 chapter
贫客玩文艺

小生所谓的文艺，
自然不属春晚范畴，
那涉嫌侵权，
小生的文艺乃文化艺术的统称。

文化是个嘛东东？你没事大街上裸奔就是粗鄙，你就是一动物；你找个理由出来裸奔就是文化，那叫行为艺术。这从广义的"大文化"来讲，就是人与动物的区别。同样是裸奔，也是有思想性的，将动物的人变为创造的人、组织的人、思想的人、说话的人以及计划的人。而从狭义的"小文化"来讲，泰勒说过文化乃是包括知识、信仰、艺术、道德、法律、习俗在内的复杂整体。那么，你将给小生派发怎样一张属于你的文化名片，在芸芸众生中不被鄙夷？

别一提艺术你就吹胡子瞪眼，不定不是你不屑搞艺术，而是艺术不屑搭理你。你以为艺术是什么？不刮胡子，不理发，不说话，不洗澡，没事找抽瞎抹画，不吃饭光喝酒，喜欢搞笑自己不乐，喜欢抽风人来疯？浅了，都没进入真皮层。

您说的那是二流子、地痞混混。您哪，不懂行为，不玩儿边缘，只触摸肉体不触碰灵魂，你不知道啥是眼泪，你是董永都招不来七仙女……行了，别得瑟了，小生给你上一课：穷人这么玩儿文艺。

20多岁的正有着敢为天下先的气魄，有着对自由和真理的狂热追求。此时的贫客们不再满足于父辈甚至师辈们古板的教导，怀揣着对上一个时代的反叛，担着思想独立的担子，勇敢地前行。即便探索的路程中遭遇白眼嘲笑，但情感依然真挚。无论是飘现象、宅现象，还是韩寒现象、郭敬明现象，都是内心一根动听的灵弦，美妙之处在哪儿，旁人无须多问，贫客自有贫客的基调。

先说说这个另类是什么东东。自然是反常规，自然以出格的形态表现。对此贫客也不陌生，另类服饰、另类化妆、另类艺术、另类音乐、另类建筑、另类文学比比皆是，它们出格于常规、出格于传统、出格于主流，剑走偏锋，新鲜、惊奇、刺激，但不停于表象，不是一件破破烂烂的牛仔服、一个闪闪发光的白金鼻饰、一对超大型的怪诞耳环、一头爆炸式的染色短发、铆钉的丁字衫、牛仔裤、钢刺护腕、狗的项圈或缠在脖子上的链条可以诠释的。

举个例子，20世纪60年代朋克、嬉皮士出现，他们反传统，追求怪诞奇特，蓬松的大胡子、头发乱糟糟地披在肩上，佩戴大量首饰，脸上绘饰花纹，他们被官方及主流人士命名为"垮掉的一代"，和如今某国命名80后的称谓相同。但这种遍及欧美各国的朋克、嬉皮士群落，他们的意义绝不止于表面的装扮，而是他们拥有独特的价值观念和文化精神，是以他们殊异的生活方式昭示一种更深层次的精神。

这个更深层次的精神大的方面在于宣扬和平，反战，反对政府对人权的控制，反对当时中产阶级以金钱为主的价值观。所以，他们的另类是向往过一种没有阶级的自由的生活。他们喜欢流浪，与当时的主流背道而驰，他们的音乐提倡简单，不刻意雕琢，反对当时音乐流行化和偶像歌手，表现下层社会的现实。他们不洗澡，住在破房子里，用破旧的物品，故意佩戴一般被认为丑的饰物。他们以此提醒社会，不是所有人都一样，不是所有人都认同你们的价值观。

然后发展到现在的街头文化、行为艺术，包括街舞、涂鸦、说唱等等。

综上所述，另类也好，出格也罢，它只是一种复杂多变的表象，但其本质精神是共同的，即保持与主流、传统不同程度的对立，包含有挑战、叛逆、求变、颠覆、革命和个性的因素。

说说80后的文学吧，它的诞生表现出不同于传统主流文学的多种创作理念与作品形态，譬如韩寒、春树、郭敬明等。首先，他们是焦虑的，各自的作品无论以哪种形式表现，都隐含着一种发自内心对于生命体验的焦虑，如春树的《北京娃娃》、《长达半天的欢乐》，而表面颓废、内心焦虑却是整个青葱时代的特征，包括韩寒的《三重门》、李傻傻的《红×》。

但仅仅是焦虑就浅薄了，作品里无不透露着对自由的向往，尽管自由是相对抽象的，甚至不一定清楚自由到底该是个什么样子，但还是借着文学表达向往自由、渴望理解、寻求慰藉的强烈欲望。米兰·昆德拉说过："青春是一个可怕的东西，它是由穿着高筒靴和化装服的孩子在上面踩踏的一个舞台，他们在舞台上做作地演着他们记熟的话，说着他们狂热地相信但又一知半解的话。"可是，那又怎么样呢？自然界没有从垂垂老矣活到青春年少的道理，所有的调侃、挪揄、随意、即兴、民间、边缘、文青、愤青都是青春的一场狂欢、一个脚印、几寸空间。

作为贫客，有了理由放弃那些勒紧裤腰带买回名牌套装以应付社会需要的行为，贫客需要的是表达自己的专属品位，而不是凸显身份，更没有什么高人一等的贵族炫耀。那些传统奢侈品的丰碑让那些所谓的成功人士们去竖立吧，贫客们脱下千篇一律的校服或刻板的套装，换上极具个人风格的街头服装，以各种姿态出现在北京、上海、广州……每个城市的街头。

贫客消费的不仅仅是T恤、牛仔裤、鞋、包、手机……而是这些品牌后面的文化甚至文学的品牌，譬如韩寒牌、郭敬明牌，这样的文化品牌凝聚成一个无需被圈外人认同的小圈子。

韩寒牌的品牌文化是什么？

一开始就向中国的现行教育制度叫板，他是一个关心政治、心系百姓疾苦的年轻人，这样的年轻人首先让人精神振奋。他有傲气、有霸气、有灵气，更重要的是有正气。在圈子里，他是为美好生活战斗的勇士，是内心世界的守护神，是摇旗呐喊的旗手，是青春激昂的共鸣机、代言人。

韩寒自称是上海的一块大金子，有点谦虚，他该是中国的大金子，影响中国一代人甚至几代人的大金子。所以，这位同学的杂志迟迟不能面市，如今的《合唱团》虽出来了，但他必须温和。他性格直率敢言，文笔不落窠臼，为人不重名利。他常常言辞过激，对某些大师们缺乏尊敬，但他头脑清醒，字字有分量，句句指人心，也非故意炒作造谣生事，故他无错。

他不仅仅是一坦言直白的作家，也是一个疯狂的赛车手，他把自己的生命片段演绎得自由奔放多姿多彩充满玄机，这就是80后的自由、出格与使命。这就是韩寒品牌的内在文化。

再让我们看看郭敬明牌文化，对于他的种种非议不在讨论范畴，粉他的人一直粉他，何因？从《幻城》、《夏至未至》、《光线消失的井池》

到连载的《小时代》，他带给了太多的人笑容、忧伤、感动与梦想，而造梦便是郭敬明品牌的内在文化。

再举个例子，本名利川裕美的Hiromix，这个生于1976年的Y世代东京女孩，其艺术作品可以说是横空出世。1995年4月，身为高三女生的她，以一台Konica Big Mini傻瓜相机拍下一些生活照片，辑成一本36页的影像集《十七岁女孩的生活》，报名参加Canon主办的"写真新世纪"摄影比赛。这本影像集以不可思议的视角与技术，为她拿下首奖"荒木经惟赏"，也开始了她平步青云的摄影生涯。过去的艺术家，是通过对政治、社会等各种宏大命题的表达来确立自己的身份。但是，"80后"、"85后"对艺术的表达，几乎都来自私人生活，不再背负沉重的意识形态包袱。

而我们贫客玩儿艺术，玩儿文化，虽抱着玩儿的态度，但并不妨碍我们对严肃、永恒事物的理解与追求。就好比我们都会去KTV唱歌，但并不是每个人都想、都能成为歌手。不同时代有不同时代的艺术表达，各自都有着各自的不靠谱。有的人玩儿艺术玩儿文化玩儿出名堂来，衣食无忧，有的人还漂着，嚼着馒头咸菜，那又怎么样？最重要的一点是专注，因为你的沸点在这儿，有钱没钱又怎么着？你还是你，最终还是会落这沸点上面。

过去搞艺术是做哲学，现在搞艺术是做自己。这些看着鸟山明、宫崎骏漫画，吃着洋快餐，挂着QQ和MSN长大的80后以迅雷不及掩耳之势成长起来，和前时代相比，他们更加藐视权威、为所欲为，作品也更加惊世骇俗，表达自我的同时也愈发显得孤独。

而我们如何能建立自己的品牌？多玩玩儿书吧。集百家所长，为我所用。读一本好书，让我们得以明净如水，开阔视野，丰富阅历。从来不读书的人，肯定是恶俗的人。读史使人明智，读诗使人灵秀，演算使人精密，哲理使人深刻，伦理学使人庄重，逻辑修辞使人善辩。凡有所学，皆成性格。所以，读书，不是做做样子，而是选择自己喜欢的一类。有的人喜欢诗歌，有的人喜欢小说，有的人是杂读家。但读精品是读书的主旋律，那些历经数十年、数百年、数千年，生命力还顽强的书，真是人间至宝。

譬如尼采的书，他告诉你，人活在这世上，千万别装B。因为你一装B，不但让上帝发笑，还让哲学家以及所有正常的人发笑。尼采式的短语和长句往往一下子把人生的本质揭开，他有句至理名言，大家可以共勉："朋友，你不要做苍蝇拍子，你还有很多事要去做！"所以，贫客朋友们，对待苍蝇，永远要采取疏远态度。当然，尼采思想中也有种偏激，不然他的思想也不会被希特勒利用。当然，这不能掩盖尼采的光芒，不能因为希特勒喜欢吃面条，就拒绝吃面条。说说近一点的李敖，首先他没有文人的营养不良，却有着人文者的侠义。此人幽默，如果你单纯为找乐，可以看他的书。他说，他现在不懂得全世界人民是怎么选领导人的，一个个面目可憎。他说，布莱尔怎么看怎么像小偷，布什也是，那个小泉怎么看怎么像小偷，而且还是被逮着的。其次，他犀利。这个世界，你要学会看透有些人，你不要被他的光环吓着。李敖骂一个人从不无理取闹，而是拿出有力的证据。他看不起余光中、看不起柏杨，不是文人相轻，而是曝光他们曾经做的恶心事。然后韩寒，刚才我们已经唠过了。

对于人类来说，哪怕社会上全是"读书顶个鸟用"这样的论调，眼睛雪亮的人都应坚守读书这个信念。

读书议完，再议议刚提到的涂鸦。这是一种街头艺术，顾名思义，即在街头巷尾展示的一种艺术形式。街头艺术的表现形式非常短暂，不易保存，往往花了无数心血去完成的作品，只能保存短短几天，恰恰如此才更像人生，很多很美丽的东西都很短暂，让人珍惜。

涂鸦本身是一种对于权威的反叛，涂鸦者没有传统的包袱，可以自由创作，直接传达其情绪。涂鸦不是一种破坏、污损、疯狂、侵犯、恐吓，而是纯朴美学的产物，是被压制者或没有发言权者个人的表白。卡吉说，我们应该珍惜每一个涂鸦记号。诺曼梅勒在其《涂鸦的信仰》中把涂鸦现象看做是对罪恶的工商业文明之种族性反叛，并将它浪漫地解释为社会自由的无秩序显示。

贫客怎么玩
070

现代涂鸦艺术发源于美国纽约的布朗克斯区。据说，这个区是纽约最穷的街区。20世纪60年代开始，这里就被黑人和来自中北美洲的拉丁裔居民占领。他们住在政府修建的简陋的贫民公寓里。由于贫穷，不少人干起了贩毒、抢劫等违法勾当。因此，布朗克斯地区也涌现出一些黑社会组织，什么"原始骷髅"、"野蛮浪人"、"标枪队"、"皇家巫师"、"七皇冠"等等，不一而足。年轻的小混混，有事没事就开始涂鸦，主要是自己帮派组织的一些符号。一开始，小混混的涂鸦还谈不上艺术，可是后来有几个有绘画天赋的小混混，出于对简陋的帮派标签的不满，开始自行设计新标签。从此，这些帮派符号就变得好看起来。

后来，这种文化现象引起报社记者的注意，一经宣传，有些涂鸦作者甚至成名了，走向阳光的艺术道路。比如有个签名为Phase 2的小混混，后来成了20世纪70年代初最有名的涂鸦画家。他原名叫隆尼伍德(Lonny Wood)，毕业于布朗克斯区克林顿中学。这个中学曾是早期涂鸦画家开会的地方，离此不远就是纽约交通局的停车场，报废的地铁车厢就囤积在那里，因此那个停车场成了他们练手的地方。伍德创造的"气泡字母"是布朗克斯涂鸦风格的最佳代表，他也被誉为涂鸦界的迈尔斯·戴维斯(Miles Davis，著名的爵士小号手)。

中国的涂鸦艺术，主要集中在高校周围。1996年左右，随着Hip-Hop热潮的涌入，涂鸦作为街头文化的一部分，开始出现在北京。最初的一批涂鸦者，在大拆大建的北京胡同里找到了宣泄的出口，那是真正的艺术。但是，随着城市的发展，涂鸦也逐渐艺术化和商业化。这也充分说明，国外最精华的精神层次的东西，刚开始传入时非常正点，时间长了就变味了。

现在很多大学周围都有涂鸦墙，遗憾的是，大多成了学校的宣传画廊，上面的画就跟幼儿园小学生画的花花草草一样，一片祥和。涂鸦被招安了，就不能称为艺术了。

作为一个有思想的人，玩玩涂鸦是相当必要的，也许它是无奈的抗争和宣泄，谁叫这时代让人这么无奈呢!

再说说街头艺术Hip-Hop，它源自美国纽约的黑人居住区BRONX。20世纪70年代末和80年代初，创于纽约的穷困工薪阶层。它汇集了非洲音乐、南北美洲音乐的艺术文化，并将生活上的娱乐发展成为现今多样的Hip-Hop文化。Hip-Hop属于街头文化，代表着一种生活态度与生活方式，流行至今。

街头作画，大地就是画板。在街头巷角，甚至步行街的街心，经常可见大师当众作画，或描人像或画花草风光，任由旁观者评谈。这种以大地作画板的壮举，不但显露出作画人豁达直率、富有挑战精神的性格特征，而且实践了艺术创作源于生活、表现生活的艺术内涵。这既是一种技艺和勇气，更是对艺术的忠诚。

街头献艺，这个我们经常见到。北漂一族有人经常在地下通道这么玩儿着，有吉普赛流浪者般的乐队，有全身挂满乐器，使出浑身解数吹拉弹唱的歌手。你可以随意听、随意看，甚至还可以混在他们中间载歌载舞，或者随意回敬几枚硬币。贫客朋友们站在街头吹口哨吧，或者抱把破吉他低吟浅唱吧，这里是属于你的艺术殿堂。

再唠唠颇为神秘的街头行为艺术，这是本篇的重头戏。这种艺术有思想有胆量的贫客朋友们可以尝试尝试，哪怕没有什么技术含量。行为艺术在欧洲已是见多不怪，无论是在美丽典雅的奥地利首都维也纳，还是在历史深厚的意大利罗马、佛罗伦萨和威尼斯，以及有"浪漫之都"之称的巴黎，你都可以在人头攒动的地方看到或卧或立着的艺术家们，他们已然成为城市街头的一道风景线。

行为艺术，是20世纪五六十年代兴起于欧洲的现代艺术形式，是艺术家把现实本身作为艺术创造的媒介，并以一定的时间延续，以特定的环境和含义为依托的艺术的活的形态。行为艺术相较于绘画、传统雕塑等结果性艺术而言，更强调、更注重艺术家行为过程的意义，是典型的具有表演性的过程艺术。他们将即时奔放的情感予以当众释放和宣泄，并注重和强调展示行为的过程。

在街头常见的有为农民工朋友们申诉的行为艺术，有为环保低碳呼吁的行为艺术，也有为展示个人才能的行为艺术，还有为吓人被带入警局的行为艺术。贫客朋友们，不妨也行为一把。

最后拿出程咬金的三板斧，即音乐、电影、摄影。

音乐是灵魂深处的声音，自从有了人类，就有了音乐。懂得音乐，有独特的音乐爱好和音乐见解，是人类基本的素质。如果哪个人问你喜欢什么样的音乐，你只能说出《两只蝴蝶》，其他什么也说不出，你的内涵即使有也会被人觉得少得可怜。对于这样具有神秘色彩元素的音乐，尤其要懂得敬畏并试图了解其中的美丽奥秘。

电影，助你思索人生远离世俗，如果没有了电影，生活会变得了无生趣。电影是有声的图书，是更直观的音乐。需要注意的是，电影不是解闷的工具，尽管它有解闷的功能。电影最大的优势在于，它能反映生活中最真实和最理想的梦境，电影的这种力量要比简单的说教和自以为是的自我鼓励有力得多。想真正了解生活，就去看电影吧！

摄影，它是留心生活的第三只眼睛。在如今这个高速发达的科技时

代，只要你愿意，数码相机可以一天拍几百张、几千张照片。不过，就像

记日记一样，我们要留下精彩的生活瞬间，还需要花点心思，做一个有心

人。摄影是生活，也是记忆，它会让你慢下来，再慢下来。

4 chapter

贫客玩潮流

"潮流"这个词和真理一样无厘头，没有理由。20多岁的年龄，我们还在校园，或者刚刚毕业，或者刚刚沦落为剩男、剩女、剩斗士。而我们依旧一穷二白，但不必咬牙切齿，因为我的地盘我做主，这是潮流。潮流或许是时髦的衣服、怪异的发式，或许是邋里邋遢的风采、满脸不刮的胡子、满头不剪的长发，男人像女人，女人像男人，满嘴的艺术却冷不丁地喷出草泥马以很深沉的姿态。潮流和自我是孪生兄弟，很多时候，潮流就是百无禁忌、随心所欲。

潮流这个词和真理一样无厘头，没有理由。20多岁的年龄，我们还在校园，或者刚刚毕业，或者刚刚沦落为剩男、剩女、剩斗士。而我们依旧一穷二白，但不必咬牙切齿，因为我的地盘我做主，这是潮流。潮流或许是时髦的衣服、怪异的发式，或许是邋里邋遢的风采、满脸不刮的胡子、满头不剪的长发，男人像女人，女人像男人，满嘴的艺术却冷不丁地喷出草泥马以很深沉的姿态。潮流和自我是孪生兄弟，很多时候，潮流就是百无禁忌、随心所欲。20多岁，正是远离家乡做一个潮人的年龄。没有亲人的困扰和压力，即便出格也不担心流言蜚语。你想把头发染成什么颜色就染成什么颜色，想怎么离谱就怎么离谱。可以投入可以不投入，可以选择可以不选择，可以高兴可以不高兴，可以残酷可以不残酷，可以虚伪可以不虚伪，可以无耻可以不无耻，可以伤害可以不伤害，可以化妆可以不化妆……

俺们没钱，玩什么潮流，不如回家种地。这样想的人可以把书放下，肩头扛把锄头回家除草去了。谁说没钱不能玩儿潮流？衣服不管什么牌子，正宗还是盗版，头发不管是稀的、浓的、硬的、软的、直的、卷的、泛黄的……这些都不是不能潮流的理由，连犀利哥都可以把潮流玩到好莱坞奥斯卡，我们还有什么可退缩的？

首先，要说潮流，可又有多少人真正懂得潮流？穿一身名牌就是潮流？Stussy的T恤，Levi's的牛仔，New balance的574就是潮流的标志？小生查遍资料，犀利哥没这样穿过，可依然是潮人！

潮流是什么？潮流不是名牌，潮流不是花里胡哨的猴子迷彩，潮流不是陈冠希，潮流不是用金钱堆积起来的，潮流不是看不起别人，潮流不是嘻嘻哈哈……潮流是供人们玩的，但太多的人却被潮流所左右，甚至成为潮流的奴隶，被潮流所玩弄，那还是潮流么？

小生是个如假包换的男人，男人的潮流，形式再怎么多样，内里是不变的，无外乎深沉、品位、内涵、果决之类男人味十足的行头。那么，怎么让潮流元素活色生香，不再沦落为混混？

配备一些有料的潮流元素吧！

踢一场酣畅淋漓的雨中足球，坐拥一床沉静的书，看一抽屉凝重的影碟，弹一曲袅袅的青春无悔，备一个正点的打火机……那就从打火机说起，这可以说是男人最唯美的配件，无论你嘴里叼的是中南海还是中华，手中不握一只诸如Zippo这样的打火机，就实在是没份儿。

在打火机上如果想奢侈那真能奢侈，譬如GIVENCHY纪梵希，最有个人气质的品牌，优雅而高尚；Cartier卡地亚，贵族的象征，广告语是皇帝的珠宝商、珠宝商的皇帝，它美丽内敛；S.T.Dupont都彭，一种生活艺术的代号；IMCO 爱酷打火机，纯手工的硬朗质感。

小生以为，贫客玩儿家就玩玩儿都彭或者Zippo吧。都彭在掀开机盖的时候，打火机会发出"叮"的一声，清脆悦耳，这是都彭的标志性声响。那声音是安装在机盖内的一个金属块发出的，更加令人惊叹的是，可以像调钢琴那样调整那声音的频率，超有气质，大可以用来勾引美眉，这有"声"有色的玩儿法能不叫人动心么？

不过，在中国，在男人中间，最流行的打火机还属Zippo，它最能体现男人品性，天生具有一种彪悍中的温暖。这种彪悍最适合军人，事实上Zippo的成名也是在军队。二战期间，美国士兵很快便喜爱上了它，一打即着及优秀的防风性能在士兵中有口皆碑。它可以点燃烟雾弹，在沼泽或丛林里点燃篝火用钢盔煮汤，还有在野外求生时点火发信号，甚至挡住致命的枪弹拯救美国大兵的生命……

玩家要发挥Zippo的最大魅力，需要以点火时的功力来配合。简单介绍一种叫做"亡命之徒"的玩法，英文名叫The Tesperado：握住Zippo，使它的底部面向你，有铰链的一边向上，你的指关节在右边，拇指抓住左边，固定住打火机。这样握着Zippo，就像握着一把手枪。用中指"突"地打开盖子，接着马上靠手腕的力量向下滑动打火轮打燃打火机。这是所有玩法中最酷的一种。当然，你显摆时一定要娴熟，平时多多操练。否则，在漂亮女士面前，一激动把打火机甩到人家脸上，后果得不堪设想。

再佩戴一块手表吧，那是你的暗语，当然劳力士啦、浪琴啦、欧米茄之类的可以不在你的首选范围内。重要的是态度，浮躁的奶油小生是不需要手表的，匆匆忙忙的岁月只有匆忙，便不再有深度。石英表不需上发条，它和人类并无重要的互动关系。来块机械表吧，手动上发条，很温暖，一点都不冰冷。听它那滴滴答答的声音，也是一种享受。

机械表和佩戴者之间亲密依赖的关系，是十分微妙的。甚至有人说，机械表是有生命的。也许，机械表的可贵之处便在于其生命之火可以永不熄灭。机械表并不仰赖独特科技，也可一修再修后使用。有些产于十四世纪的第一代古董机械钟，至今仍随时间巨轮不停转动，保持正常的功能。威尼斯圣马克广场上的钟塔已有1000多年历史，但仍千年如一日地精准摆动！岁月只在它的肚子里流转，这是一种怎样泰然的姿态！

拿出剃须刀刮刮胡子吧，那是优雅的武器。当你的嘴角有了第一抹黑色的时候，就有了男人的一种标志，你甚至曾经把它作为一种炫耀。然而，这种欣喜如昙花般短暂，因为它有时确实不太美观。你稚气的脸上胡子拉碴，实在不够绅士。剃须刀，维护着你嘴面的整洁。当你成为一个真正的男人，剃须刀就成了你每天出门前必须使用的工具。男人刮胡子的姿势，也性感得很呢。推荐几个品牌：飞利浦、飞科、超人、吉列、博朗，自己看着选吧！

然后戴上一枚戒指吧。看过电影《指环王》的应该明白戒指对男人的重要性。这里的戒指不是结婚的凭证，而是男人戴在手指上作为装饰品、纪念品或者护身符的一种装饰。它可以戴在男人的小手指上，甚至藏在内衣深处。透过这个戒指，我们看到的是一种男人姿态，低调、张狂或背后不与人语不为人知的一段故事……

那我们就讲讲戒指的故事。希腊神话里的普罗米修斯因为得罪宙斯，被绑在高加索山上，每天都有恶鹰啄食他的肝脏。许多年以后，赫拉克勒斯终于把他从悬崖上解救下来。为了满足宙斯的条件，赫拉克勒斯把半人半马的喀戎作为替身留在悬崖上。为了彻底执行宙斯的判决，普罗米修斯嘲讽地戴上一只铁环，上面镶嵌着一小块高加索山上的岩石，以便让宙斯可以骄傲地宣称，他的仇敌仍然被锁在高加索的悬崖上。

还有个故事说戒指源自古代太阳崇拜。古代的戒指以玉石制成环状，象征太阳神日轮，认为它像太阳神一样，给人以温暖，庇护着人类的幸福和平安，也象征着美德与永恒、真理与信念。让我们姑且相信，戒指有着魔力吧——幸福与平安、美好与永恒、真理与信念。

然后再洒一点点香水吧，香水对男人同样是清雅的点缀。香水，并不是女人的专利。在3500年前尼罗河畔的神庙里，记载着最早使用香水的是男性。最早的香水，也是男人发明的。男人身上的淡淡香水味有时比场景和声音更能打动人的心灵。女人的嗅觉要比男人灵敏数倍，在一位敏感细腻的女人心里，有淡淡香味的男人让她感觉亲切温柔，更愿意与之接近。而用香水的男人又总有一点清高和不羁，这矛盾又神秘的感觉，对感性的女人充满魅力。

但千万要记得，只用一点点，只一点点啊，否则适得其反。既然是一点点，那贫客们千万别用廉价货了。

OK，可以抱着你的吉他低吟浅唱了。一个男人，一个女人，提高个人修养，增强个人魅力，离不开音乐的熏陶。对音乐或者对乐器一窍不通的人，基本上属于情商比较低而又不解风情的人。在现代这个快节奏的社会，如果没有一点音乐基础的人想学一种乐器，既能表现古典雅韵又不失现代时尚，吉他就是最好的选择。无论你什么时候学吉他，它都会给你带来惊喜。

来一曲吧，记录一段单纯的岁月。各种聚会上或者街头，或者拎着个吉他到处流浪。有时，吉他也是落寞的。一个人哀愁时，吉他就是你最好

的倾诉朋友。

　　说潮流，当然不能落下牛仔，这是奔放与性感的双重呈现，对于男人来讲更是如此。牛仔裤自面世以来，流行了100多年。虽然其颜色和款式一直在不断变化着，但靛蓝和五袋款一直是其经典色和经典款。越简单越经典，越简单越时尚，这就是牛仔裤的特色之一。男人穿着牛仔给人一种坚定、粗犷且精神抖擞的感觉，工作与休闲均适宜。牛仔文化在美国和欧洲国家中已风行多年，虽然是西方舶来品，但其优良与简约的风格为各层次的男人所喜欢。在一片靛蓝之中，也能尽露中国男人之本色。作为男人的一种象征，牛仔裤最好别买地摊货。贫客玩儿家们注意，只拥有一条牛B的正版牛仔裤就够了，譬如LEVI'S，它代表的是美国西部的拓荒力量和精神；REPLAY是时尚另类舒适的首选；POLO JEANS英姿飒爽，中性，修长的线条显得爽朗而朝气勃勃，简单中带点儿性感的款式表现出强烈的美国风格；Wrangler是一个源于美国西部的品牌，它粗犷中带有自信，传统中带有现代气息。

　　再来辆山地车吧，不需要太专业，仅仅是带点越野性质的自行车。男人，拥有这样一辆自行车，主要有两个用途：一是休闲，周末到郊区走走停停，怡然自得；一是探险，山地车探险颇有野趣，这种感觉甚至比汽车自驾游都爽，不信去试试。

　　配一件军用品，满足男人的铁血梦幻。军用品，顾名思义，就是与军事有关的物品。它包含的范围自然相当广泛，如果你有本事和财力，甚至可以去收藏航空母舰、洲际导弹。而我们贫客朋友们只是一介百姓，纯粹自娱自乐，还是收藏点常见的，如军服军靴、领章帽徽之类的。军用品，绝对是男人玩的东西。所以，很多彪悍的男人，在屋子里都要搞点军用品类的东西来撑门面。有时候，军用品就是一种坚强的象征。军用品大概有服装、头盔、军帽、手套、金属徽章、刺绣徽章、警用装具、腰带、背带、军表、望远镜、指南针、水壶、餐具、枪套、弹夹包、护具、风镜、大型包、小型包、饰品、烟盒、水囊、油桶、手电、打火机、通讯设备、军旗、军事书籍、仿真模型等。其实，在我们国家军用品收藏还是冷门，比如说AK47的枪背带，市场价格也就是30元左右。一个普通的作战头盔价格在500元左右。对于普通老百姓来说，这些都玩得起。不过，由于军用品的种类实在是太多了，因此玩军用品前，一定要有知识储备，选择一个方向，不能见什么收什么。

举止端庄风度翩翩的男人，总会在腰间这一细节处刻意去装饰。这个装饰自然是皮带。一个男人，不可缺少一根好皮带。皮带勒的地方就是男人的黄金分割点，腰部自然是非常重要的部位，需要非常重要的装饰。好的皮带和衣裤简直可以融为一体，自然妥帖。反之，会邋邋遢遢，不伦不类。对于男人来说，细节决定成败，不要忽视皮带的特殊作用。评价一根皮带的优劣、有无内涵，除了皮质，还要看皮带潮流的变化，而这种潮流的引领很大程度上取决于带钩。钩扣的造型、大小也能表现出男人的魅力。纯金钩扣，通常是同高贵一类的词联系在一起的，贫客们就别想了。我们可以考虑铜质钩扣，它能让人领略到男性的阳刚和力量；宽大的"回"形带扣充分显露出男人的刚毅；椭圆形带扣则展示了男人们的成

贫客
怎么
玩

熟。最后要提醒贫客们的就是，皮带有很多种，但无论你是选猪皮、牛皮、羊皮、鳄鱼皮，甚至骆驼皮，有一点很重要，就是一定要选真皮的。

足球，应该是让大部分男人都热血沸腾的一种运动。上帝发明足球的目的，也许就是为了避免更多不必要的战争。同时，足球体现的那种激情、博弈、奔腾、血性、眼泪，都是男人野性的角斗。这是一种磅礴的美，这种美在比赛中能把你带向一种酣畅中的癫狂。一个男人可以不爱足球运动，但如若一场球都没有踢过，甚至对足球漠然，可以肯定的是，这个男人缺乏一种最原始的激情。

在伟大的21世纪，如果你说足球是起源于我们中国，恐怕你要被大部分人骂的，因为中国足球，踢得不是一般的臭，如果说足球起源于中国，实在太丢人现眼。不过，2004年初，国际足联终于低下它那贵头（高贵的头颅），确认足球起源于中国。"蹴鞠"就是有史料记载的最早的足球活动。据考证，"蹴鞠"一词，最早载于《史记·苏秦列传》。苏秦游说齐宣王时曾形容"临淄甚富而实，其民无不吹竽、鼓瑟、蹋鞠者"。"蹋"即"蹴"，踢的意思。"鞠"，球，即古代的足球。这充分说明，足球是一种娱乐活动，大家生活殷实了，自然就饱暖思踢球了。

有踢球的，就有球迷。有历史记载的球迷最早见于中国，他叫项处，西汉人，和很多狂热球迷一样，他的经历也很不幸。《史记·扁鹊仓公列传》记载：名医淳于意为项处看病，叮嘱他不要过度劳累，但项处不听，仍外出踢球，结果呕血身亡。这也使得项处成为世界上有史可查的第一个狂热"球迷"。

足球离不开球星，历史上最早记载的球星既不是贝克汉姆，也不是罗纳尔多，而是我国北宋时期的高俅，他因为球踢得好，被昏庸的宋徽宗接见，有点像现在的贝克汉姆，因为球踢得好，动不动就被首相和女王接见。

贫客朋友们，约场球吧，也许会浇铸一段11个兄弟美好的感情，多少年后天各一方，依然相约：来吧，踢一场。

篮球略同足球，只是，有时，篮球不仅仅是娱乐。

既然说到球，不得不提台球，这是一种享受碰撞激情的运动。作为一项起源于英国并在国际上广泛流行的体育项目，台球自100多年前进入中国后就逐渐在大街小巷风靡，丁俊晖、梁文博等国内顶尖台球高手在国内外赛场接连取得佳绩，进一步推动了台球的流行。无论是在北京、上海等大城市环境优雅的台球室，还是偏远山村简单的台球桌，都吸引了各个年龄段的台球参与者，大家共同享受着台球碰撞出的激情。帷幕尚未落下之前，一切皆有可能发生，这就是台球的魅力，也是男人沉稳低调的成熟风格的完美展现。

如今，你不懂动漫就和潮流压根搭不上界。动漫是动画和漫画的合称，如果你还没进门，就恶补吧。中国动漫现在最火的是《喜羊羊和灰太狼》，国外的就不胜枚举了，如《米老鼠和唐老鸭》、《猫和老鼠》、《玩具总动员》、《哆啦A梦》、《变形金刚》、《堂·吉诃德》、《灌篮高手》、《名侦探柯南》等。日本动漫现在已经成为日本的象征，它几乎就是创作者心灵的艺术。他们的动漫非常贴近生活，生活中的所有题材都可以拿来做动漫，有些AV动漫做得非常唯美。为什么他们的动漫这么厉害？首先，日本拥有完善的动漫产业链，动漫产业基本包括动画（anime）、漫画（comic）、游戏（game）及相关的产业，日本动漫产业经过70多年的发展，已经形成漫画创作—图书出版发行—影视动画片生产—影视播放—音像制品发行—衍生产品开发和营销，有较为成熟和完善的动漫产业链流程。其次，日本的漫画普及程度相当高，因为日本动漫是面向各年龄段的，因此，动漫观众群体数量庞大，且大部分观众的消费能力很高，使得动漫能够成为当地的时尚主流。同时，漫画作者的地位在社会中很高，使得主动从事这门职业的人非常多，动漫产业能够及时补充新鲜血液。

这些，我国暂时还做不到，但不代表我们不可以介人。来补补日本动漫术语的课吧！

萝莉：是洛丽塔的缩写，泛指可爱的小女孩。

贫乳：指女性胸部扁平，也称"飞机场"，多出现在萝莉身上。

达人：日语音译，对动漫或某部动画十分执著，并且对动漫或某部动画有深刻的了解，另有某领域专业人士的意思。

SOSO：在日文中是指对的意思；但在英文中指的是一般般，不怎么样。

御姐：由日文中姐姐的含义引申过来，在动漫中常指有姐姐个性的女子。长发，丰满的多见，但主要是指个性强势。

欧巴桑/欧巴/巴巴：基本意是"阿姨"（有亲属关系的），但也可用于泛指；老婆婆的话通常称为"巴巴"。

欧吉桑/欧吉/吉吉：基本意是"叔叔"（有亲属关系的），但也可用于泛指；老爷爷的话通常称为"吉吉"。

废柴：很无用的动漫主角，通常指男性。

OTAKU：御宅族。OP：片头曲/主题曲。ED：片尾曲/结束曲。

玩儿潮流要身体力行，这个DIY应运而生，DIY是英文Do It Yourself的缩写，中文意思就是"自己动手做"。贫客朋友们，这可不是为了省钱，主要是一个新鲜的理念。看腻了市场上工业产品的千篇一律，或千篇一律的市场产品无法满足自己的特殊需要，"Do It Yourself"的念头就油然而生。做你需要的，做你想要的，做市场上绝无仅有、独一无二的作品，追随"自己做"，而放弃"别人/机器做"。还有比这更潮流的吗？

作为一个潮人，DIY也应该是最基本的素质。如果一个人"四体不勤"，相信也没多大能耐。贫客们还等什么，动手吧！

5 chapter

贫客玩人脉

人在江湖飘，
哪能不挨砖！
闲着也是闲着，
练几套绝世功法防狼、防身，
聚拢点儿人脉。

我叫脉客，住在好莱屋，我们那疙瘩流行一句话：一个人能否成功，不在于你知道什么(What You Know)，而是在于你认识谁(Who You Know)。我有个朋友叫脉客司基，和卡耐基青梅竹马，他修炼一种绝世武功叫"人脉"，基本招式和葵花点穴手相差无几，乏善可陈。什么血脉、地脉、学脉、事脉、客脉、随脉，看似简单，但想要练到白展堂的境界却颇为不易，小生自然也没练到炉火纯青，否则也不用在这儿瞎掰扯，早和脉客司基和卡耐基拼饭去了。但穷人志不穷，不定啥大富大贵的砖哪天不偏不倚砸咱脑门儿上。人在江湖飘啊，哪有不挨砖啊，闲着也是闲着，练几套绝世功夫防身、防狼，脱贫致富。卡门，贝比！

所谓血脉、地脉、学脉、事脉、客脉、随脉，小生略讲一二，如无头被门缝夹扁症状，一定可轻松了解。血脉即血缘关系，中国人好攀亲戚，没有哪个国家能把亲戚关系整得如此条理分明尊卑有序吧，什么姨父叔伯姑舅、兄弟姐妹嫂子等。如果分不清就去补补《红楼梦》。而这些由家族、宗族形成的血缘人脉关系就是血脉。当然不光我们国家有血脉，譬如鼎鼎大名的比尔·盖茨，20岁时的第一份合同来自IBM，因为他母亲就是IBM董事，是她把小比尔推荐给IBM董事长，才赢得这份具有里程碑意义的合同。这个故事可谓路人尽知，也常常被人提起来证明人脉关系的重要性。

这地脉，就是地缘人脉，"老乡见老乡，两眼泪汪汪"就属于这种关系，而且这种关系随着你所处的地域可以无限拓展，出了乡，同乡的是老乡；出了市，同市的是老乡；出了省，同省的是老乡；出了国，全中国的人都是你老乡。所以，这个地脉也重要得很呢。

至于这个学脉，都应该有过亲身体会了吧。初中同学、高中同学、大学同学、研究生同学，时不时搞个聚会啥的，缅怀下最纯真的感情，这纯真就是学缘人脉，是因共同学习而产生的。当然，还不只限于这些。如果你参加了各种各样的短期培训班或者研讨会什么的，也蕴含着无限的人脉资源。

这事脉，顾名思义就是在处理事情的过程中所结成的人脉了，这类人脉有工作中的同事、上司、下属，或者短暂的相处形成的人脉，这对于大学生来讲有实习单位、打工单位等，或者和一个单位或多家单位为共同完成一项任务或项目的人脉，或者被临时抽调去哪个团队，这些都是培育事脉的好时机。

提到客脉，就需要有点主人翁意识了，要变被动为主动。这客脉泛指客户，即和客户打交道而形成的人脉关系。比如厂家、供应商、零售商、加盟商、合作商、消费者等，在进行商务交易的过程中结下的"梁子"（呵呵，结下的情谊）。俗话说"不打不成交"，这种真金白银的商业活动在考验着每一个人的能力和品行，也是积累自己人脉的一个重要步骤。

随脉就是随便什么脉，可以理解为随缘人脉。俗话说有缘千里来相会嘛，人是讲究缘分的。一次短暂的聚会、一次偶然的邂逅，都是上天给我们安排的随缘机会。只要我们抢抓机遇，善于表现自己而又理解他人，一见钟情的缘分就会降临。

人脉的核心是价值，你自身的价值和脉络的价值。我们暂不盘点人脉，你拍着自己的胸脯问问：你对别人有用吗？如果没有，就说明你自身都不具有价值，谈何人脉？一位俞姓老师说：人很少能和与自己地位相差太远的人建立真正的人脉关系。所以，即使你今天有幸通过某个牙医与李嘉诚建立了联系，他也不会对你有兴趣，还不如认识隔壁小工头张三李四王二麻子呢。其实自己就是个品牌，与其匆忙花费精力漫无目的地认识朋友，还不如事先确定好自己的价值定位，然后针对目标发展人脉。

贫客怎么玩 090

人在每个阶段，针对自己的能力和目标，都有不同的价值定位。如果你是大学生，你的价值可能在于你的班务职位、学生会职位；或者是足球踢得特别好；也可能很帅，大家觉得和你在一起有面子。实在不行，你还可以很有体力，很热情很愿意去跑腿；或者很有钱，总乐于埋单。你工作后，或许你是一个电脑高手；或许是一个专家，总愿意出谋划策；或许你认识很多人黑道白道的，善于为人解决问题；或者你有别的什么方面的特长。总之，你得有点什么拿得出手，让人家愿意交你这个朋友。这时候，你的价值就传递给了他人。这里有两个极端的例子：譬如你是个老好人，固然有趣但毫无用处；或者你是一个总不愿被人利用的精明人，也难以建立真正的人脉关系。在人际交往中，不但要有可利用的价值，还需要付出。

这时候有些心态不可有，譬如自我封闭、傲慢。常见一些外企的小白领、小金领，常以递出的名片是某某500强的Director或VP为傲，流露出我等高职位的优越感。其实，炫目的职位固然让朋友觉得有面子，但如果他对别人没有真正的价值，还不如李四搓着双手对你说"哥们，我有渠道能搞到烟草证"更让人欢喜。还有就是愤青心态，以超脱自居。如张三是经理，你说现在阿猫阿狗都是经理，不知道经理价值几何；李四是搞房地产的，你说搞房地产的都是蛀虫，不屑与之为伍。但在这个现实社会，什么才是有价值的？在日常往来中，大多数人是在几秒钟或1分钟之内就判断和你交往是否有价值，甚至决定是否与你交往，故无论是什么行当都有其价值所在，你不尊重别人的价值，那别人凭什么尊重你？

这人与人之间有了交集，只是"万事俱备，还欠东风"，这东风就是传递。在现实生活中，我们经常遇到这样的情况：某个很好也很有价值的朋友，但数年也难得碰上一次面而疏于联络。俗话说"大家都很忙"，这固然没错。但若用人脉关系的话来说，就是一种"沉淀资源"，没有产生应有的效益。当你和某个朋友聚会，说起一件难以处理的技术难题时，这个朋友突然拍下大腿说："我有个10多年的好朋友，他是这方面的专家，他完全可以帮你解决！你为什么不早说呢？"是呀，你为什么不早说？因为之前，你从来没有听说过他有这样一个朋友。而另外一个朋友，他似乎总有各种关系而且善于提供帮助，你在电话中提到一件麻烦事，因为你知道他认识几个这方面的专家。通常在你电话刚挂断的时候，他电话又打进来了，因为他已为你约好了其中两个朋友，今天晚上就见面，为你提供解决方案。当然，他还说，顺便有另外一个新项目要咨询你，一起来吧，大家认识认识。

你说，哪个朋友发挥了最大价值呢？如果你很有价值，你身边的朋友也有价值，朋友的朋友也有价值，为什么不把他们联系起来，彼此传递更多的价值呢？如果你只是接收或发出信息的一个终点，人脉关系产生的价值就是有限的。但是，如果你成为信息和价值交换的一个枢纽中心，那么别的朋友也更乐意与你交往，你也能促成更多的机会，从而巩固和扩大自己的脉络。

总而言之，脉络的维护要由相识到相知到相惜，由双方见面的喜悦到尊重与认同到相互合拍相互融洽。回归到利益的问题，这利益始终是我们必须考虑的话题，无论是具体的物质利益或不明显的感情，有利益才有人脉的结合。以销售行当为例，有位做销售的朋友，由于满足了他所负责区域内一位重要经销商希望老板在促销活动中给他捧场的要求，让这位经销商感到"非常体面，很有面子"，因此区域销售额大增。

在我们的人际交往中，需要特别留意的有几种人。经验比你多的，你可以多学点东西。纸上得来终觉浅，向有经验的人靠近可以少走弯路。还有关系比你好的，显然对方为人不错，有面子，善于经营人脉。还有实力比你强的，强者始终是被尊重的，实力强大的必然总受照顾，而且也总有较强的抵抗力。但你一定要不断学习和进步，才能有更多的机会去认识强者。

人都有表达的欲望和被了解的需求，这是人性的弱点，需要我们善加运用。人海茫茫，心灵的孤独与不断寻求共鸣的需要都是天性使然。我是谁？我是怎样的人？我自信吗？我很厉害吗？我能得到赞赏吗……我们喜欢被肯定，需要尊重，冀求认同，希望扩大"自我"空间……怎么应对？那就是给予适当满足！这样的例子比比皆是。你与目标客户洽谈，双方感

觉良好，就在东拉西扯一小时后成交。搭火车时与旁边的一位先生攀谈，没想到这一聊，就聊出了一个大客户，没过几天，就收到那位先生要代表公司来考察的请求。

维护人脉还有几大要素是需要注意的。首先，所有的关系都应建立在信任的基础上，包括对客户诚信、对企业诚信、对社会诚信。别人只有信任你了，才会信任你的产品、你的服务、你的企业。只要有成熟的信任，就算你的产品、服务、企业某些地方做得不足，对方也会本着理解的精神让你有改善的机会。其次，言行一致是一个人最大的无形财富。言必信，行必果，在任何时期都会受到尊重。言行一致是对心灵的承诺。所谓"季布一诺，价值千金"就是此理。

第三，人脉的长期性、自然性、顺势而为性。万事万物都有其内在的生存、变化、发展规律。人脉的经营也是如此，没有耕耘，难有收获；方式不佳，收获不大；每一个客户都是一个宝藏，必须深入挖掘。掌握自然法则，用心经营，必然获益良多。

第四，注重表达方式，注意言语上的肯定。肯定对方，对方必定心生喜悦，产生认同感。人都怕被别人忽视，怕被别人否定，怕被别人怀疑。多给予对方积极的情感价值，必定增加你的价值。此外，赠送礼物也是对对方的肯定，是感谢，是回馈，是赞赏，是期许将来合作，是对关系的投入。还有，适当的肢体接触可以化解敌意，拉近彼此距离，增进友谊，如握手、拥抱、靠近、碰杯、共同参与运动等都是肢体接触的方式。最后，看准对方的需求，提供服务，"雪中送炭"、"雨中送伞"式的服务才是对方所看重的。因此，必须更多、更全面、更细致地了解对方。

有品质的相处尤其关键。在一起做什么、说什么、对方得到什么、感受到什么，其间大有学问。知识面的宽广、对对方需求的洞察、良好的表达能力、有趣味、有幽默感、有活力、善解人意等都会让对方与你的相处提升价值。不要把相处时间变得索然寡味，也不要过于热情。

然后记住该记住的，忘记该忘记的，改变能改变的，接受不能改变的，以坚定执著的信念、认真从容的态度、有规划受约束的行为、良好的接触沟通习惯、友善稳重的性格面对脉络中的一员。

记住他们的重要信息，记住你的承诺，记住他们的要求；忘记曾经的冲突，忘记相互的不愉快，忘记不利于工作开展的负面信息；致力于能改变的态度、关系的深度、来往的广度、联结的紧密度，改善你在脉络中的形象、亲和力与影响力。对客观条件限制较多、暂时无法改变的东西，要以平和的心态坦然面对。

最后，建立人脉。提升人脉竞争力的关键，还是诚信、诚心，因为人脉的积累是长年累月的，需要我们长期地付出与维护。

这里再告诉你几个能积累人脉的重要的却看似不起眼的事例，让你在真正的脉客道路上如鱼得水。

如果你最重要的朋友或者合作伙伴刚刚打电话来，告诉你今天晚上有一场甲A联赛，他需要4张票，你打电话问过所有的票务公司，都说没有票了。这个不时之急，你怎么办？最好的办法是告诉他：放心吧，交给我！然后，打电话给那个能为你联络到票的朋友，请他给你留4张票。事

实上，没有所谓的"票全部卖光"这回事，有钱能使鬼推磨。你只要知道要找谁，几乎可以在最后一分钟买到票。这样你就赚足了人气。

还有旅行社。对于在同一架飞机上的旅客而言，一百名旅客就有一百种不同的机票价格。400元的票，你可能300元买到，别人可能200元买到。为什么呢？因为有人认识旅行社的朋友，而这个朋友又是最有办法的那一种。你怎么能不去拥有这么一个丰富的人脉资源呢？

还有职业介绍所、人才市场、猎头公司。除非需要一份工作，大部分人不会和职业介绍所的人说话。其实，这是没必要的，重要的不是你现在怎样，而是你未来会怎样。即使你现在工作非常稳定，你也不妨与他们建立良好的关系。在口渴之前先掘井，永远是正确的。当就业顾问公司打电话来时，不管你多么满意目前的工作，都不要挂断电话，可以说："我真的没有兴趣，但你的电话令我受宠若惊。事实上，我们可能会需要你的帮助。你可以留下你的联络电话，也许这一两个月里，我们可以吃顿饭，彼此认识认识。"

还有银行，难道你没有发觉，银行已在你的生活中发挥着越来越重要的作用？你的投资理财都需要银行这个重要的角色。有了银行的人脉，当你的资金运作出现问题时，你就知道该打电话给谁。

还有当地公务人员。几乎每一件事，如填平路上的坑洞、运走垃圾、修理人行道、修剪树木、子女就学、你新买的车子被偷了，你的家被小偷不请而入……你都需要当地公务员帮忙。

还有貌似不容易接触到的名人。如何认识名人呢？大伙儿认为名人是很难接近的。其实，他们是很寂寞的，所谓"高处不胜寒"，许多名人其实比你想象中要容易接近。名人都有他们的律师、医生、会计师、亲戚，喜爱的餐厅及常去的地方，也有经纪人、公关人员等。先去认识这些人，请他为你安排一次与名人见面的机会，或替你打第一通电话。但这个要参考上面小生说的，哪怕你通过牙医认识了李嘉诚，你也得先有自己的价值。

当然保险、金融、理财专家也必不可少，起码能为你提供一些有用的信息，关键时刻还可对你施以援手，一解燃眉之急。

接下来就是热门的律师。社会是复杂的，各种各样的人都有。不错，你为人善良，事事息事宁人，不愿得罪任何一个人。可是，你要明白，走在树下都可能有落叶掉到脑袋上。如果你的人脉关系中有知名律师，你的麻烦事就会少很多。

生活中的维修人员也不可忽视，一位优秀又诚实的维修人员是很重要的。你的车坏了，你家的下水道堵了，你家的锁打不开了……你知道谁可以在最短的时间以最快的速度用最低的费用帮你处理。不好而且不诚实的修理工将使你损失惨重。

最后是媒体联络人。从记者开始着手，即使你一生只用这一次，仍然可以帮你的大忙。你有纠纷、有绯闻、有冤情，或者要打广告，你的媒体联络人可以代表你，并站出来处理这件事。

好了，就说到这里，大概怎样建立人脉维持人脉你已了解一二了吧？说句不好听的，人脉的要义就是处理好利用与被利用的关系，用心经营吧！

6 chapter

贫客玩游戏

人生有很多陷阱，

网游不一定让你脑残；

世界有很多不平衡，

网游不一定让你倾斜；

生活有很多不完美，

网游不一定让你跌进深渊。

让暴风雨来得更正点些吧！

记得当时年纪小，你爱游戏，我爱叫，有一回并肩坐在屏幕下（因为个子小），坦克在攻，风在啸，不知不觉夜深了，梦里打落知多少。彼时的场面，满屏幕的坦克如红潮一般滚滚而来，那份壮观，那份只存在于想象中的感受……那个时代，没有星际，没有CS，更没有WOW，那个时代，很简单，很有趣，也不用买装备。

那是红警的时代，后来黯淡了。新的游戏一代接一代滚滚而来，传奇、DNF、CS、劲舞、泡泡、卡丁……

人生有很多陷阱，不一定是网游让你脑残；世界有很多不平衡，不一定是网游让你倾斜；生活有很多不完美，不一定是网游让你跌进深渊。

让暴风雨来得更正点些吧！

人的一些爱好会随着年龄的增长和阅历的丰富，慢慢地有一些改变。对于游戏，从曾经的如痴如醉，到现在的冷淡漠然，蜕变的过程带给自己的回忆是那么难以忘却……

——资深游戏爱好者敬上

小时候，相信大家玩得最多的是插卡游戏机。刚开始去小游戏厅玩儿，那时候最火的是魂斗罗，掏三毛钱就可以打到第三关，每逢周末就约几个小伙伴去玩儿几局。也曾因为玩儿的时间太长，被妈妈在游戏厅当场逮着，遣送回家，狠狠地臭骂一顿。

后来以学习之名，逼迫父母给自己买了学习机，便偷偷摸摸地在家玩，像什么坦克大决战、双截龙、超级玛丽、忍者神龟等等都玩过通关。

后来就开始玩街机了，一块钱可以买5个游戏币，于是平时就把一些零用钱积攒下来，最后——贡献给了游戏厅老板。可能年纪小或者游戏天赋不高吧，往往几个游戏币一会儿就没有了，好没有成就感。不过就是爱玩，像什么三国志、新快三、西部牛仔、铁钩船长、降龙、名将……几乎当时所有的街机都通通玩了一遍。后来，就开始出现网吧，随之而来的网游也逐渐普及开来，各种游戏便重新点燃了十几岁孩子压抑许久的激情，反恐精英、帝国时代、极品飞车、仙剑奇侠传、使命召唤、魔兽、NBALive……这些游戏便很自然地进入了年轻人的电脑硬盘。

相信CS这款游戏应该是大家情有独钟的。小生当初跟CS的结缘是看见旁边的一个美女在玩CS，很劲爆，嘴里不停地爆出令人大跌眼镜的话。小生天生喜欢枪械一类的游戏，就和MM搭讪，问这个游戏叫什么名字，怎么玩。当时最可笑的是，小生不会使用WASD的几个方向键，只知道上下左右键控制。加到MM的房间里里面玩了一晚上，都是被虐的，而且死得很惨，基本刚买完装备出来就被打死。当时最流行的地图是白房顶，还有就是沙漠1和沙漠2。打了整整一个晚上，终于摸清了仓库和沙漠1的地图，汗颜！

最后和MM约好周末继续通宵，就这样和一个比自己大5岁的美女姐姐成为好朋友，周末都在一起游戏。最后美女姐姐考上大学去了外地，她走的时候忘记跟她要联系方式，十分惋惜，不知道现在她过得怎么样！等小生上了高中后，才有了自己的QQ号，但美女姐姐早已不知去向。美女姐姐也算是我电脑游戏的启蒙老师，让我最终从一个CS菜鸟成为CS高手。

那个时候也就是在网吧和朋友玩一下局域网，很少去互联网和别人打。后来上了互联网，才发现自己还属于菜鸟一级。记得刚开始时，整个网吧上通宵的都是在玩CS。你要是在玩其他游戏，别人会以为你脑子有问题。那个场面至今难忘，整个网吧就是没有硝烟的战场，玩家们也都在不停地狂喊着，听着激烈的枪战声，玩家们异口同声地讨论着同样的话题——甩枪、盲狙、跑位、点杀、弹道……最终，在网吧除了和自己的朋友联机玩CS以外，很少有人再玩CS单机版，最后就基本上不玩CS了。

各位看官，是否有了共鸣？要是哪位来了兴致，可以重温经典。

2、传奇篇

后来开始接触网络游戏，常玩的是传奇和奇迹，大家都拼命地杀怪赚经验和装备。一个小人在里面杀啊杀的，小生开始觉得没有多大意思，没有想到，小生最后也加入了杀怪一族，不停地杀怪，闯副本，极力提升自己的等级打造自己的装备。但是，刚刚进去的时候还是一个小号，都是被别人虐的对象，别人都有家族，小生一个人，和别人组队别人嫌弃等级太低，小生只得一个人孤军奋战，拼杀在怪物出没的雨林、沙滩、峡谷、草原……就此孤独地过完了一个从小号到大号的过程。

后来小生开始在游戏里建立自己的家族，自己做盟主的感觉真的很好，于是就在游戏的公告里面宣传自己的家族。加入家族不但有家族任务可以做，而且得到的经验会很高，大家互相保护，大号得到自己的利益，小号纷纷快捷地赚取经验升级。

记得有一个14级的小号被等级高的人杀了以后，就在家族的公告中说自己被那个家族杀了，要讨回公道。当时小生就独自跑到别人家族的领地，要求给我们家族道歉，但对方不但没有道歉，反而出言不逊，小生直接一阵横扫。我知道他们一定会回来找事的，所以小生提前发出告示，近期会有人来家族找事，大家谨慎行事。我们刚做好准备，他们就大队人马过来，双方直接开战。我们自己家族占有很大优势，一番苦战将他们杀得全军溃退。我们也不打算放过痛打落水狗的机会，直接冲到他们家族，破了他们的防御，打到他们的英雄殿。就这样，一个家族被我们灭掉了，感觉十分爽！由此，在我们那个战区的名声也一下飙升，没有敢随便招惹我们家族的人，加入我们家族的人也越来越多。但是，小生也告诫大家不要随便欺负别人。高手都是从菜鸟训练成的，所以小生比较喜欢小号，还可以在游戏中赚钱，小生自己打下的装备或者是合成的装备，都可以通过线下和线上进行RMB交易，当时还小赚了一把。

爱玩是人的天性，没有必要去剥夺那些属于年轻人的东西。好多事情只要在控制范围之内，顺其自然地发展，往往比强行禁止更好。各位看官，尽情游戏，莫怕，只要不终日沉迷其中，传奇对于调节生活真是很不错的选择。

3 魔剑篇

废话不多说，小生先讲述一个《魔剑》的故事。

这是一款在整个亚洲联网的网络游戏，中日韩三国玩家居多，服务器在韩国。

由于服务器在韩国，在开始内测的时候韩国玩家等级都在60级以上，而中国玩家被广泛限制，最高的才40级左右。当时，韩国玩家倚仗其等级优势和装备优势，大举入侵中国玩家所在的城市——华夏联盟，联盟的首领是个40级左右的将军，他毅然带领所有能够参战的勇士实行"玉碎式"战斗，战斗异常激烈，中国玩家全然不顾等级和装备的劣势，以十当一，殊死战斗。当伤亡人数达到500人左右时，日本玩家趁火打劫，辅助韩国人猛攻华夏联盟的城门。这时，中国玩家的军团已被完全击溃，很多人都已死亡3次以上，甚至装备坏了也不惜要裸体战斗。此时此刻，华夏联盟城内已无御敌之兵，敌人从四面八方涌进城内大肆破坏和掠夺，战争胜负似乎已经敲定。

守城的将军被迫向整个魔剑世界发出求救信号。这时候，一个惊人的事情发生了，从魔剑的各个角落赶来了一批批队伍，他们前仆后继，如同潮水一样赶向中国城，他们无论名字是什么，来自哪个城市，所有人名字的后缀都是一个CN！

韩国人被击退了，他们怎么也不相信这个事实。100多个韩国人倒在中国城的门口，他们杀死了至少2000个中国人及援军，但他们还是失败了，因为还有不计其数的CN玩家正向中国城进发。

胜利后，中国城的将军感谢这些不认识的援军，才发现，这些CN不全是中国地区的玩家，他们当中有很多是新加坡人、马来西亚人、印尼人、美国人……但他们都是中国人的后裔，他们身上都流着中国人的血。在这次战斗中，一个有组织的军团一直在城侧进行自杀式的冲击，死伤惨重，最后只9人幸存。当将军问他们来自哪里的时候，他们说，我们是台湾人。我们是从距离这里有一个半小时路程的日月城赶来的。这是我们能提供的所有精锐战士了。你们有难，我们一定来帮忙，我们是中国人……

那个将军，一个年近40岁的东北大老爷们，在电脑面前，看着这些来自世界各地的中国后裔，痛哭失声……

这就是中国人，世界上的中国人！

当看完这个故事，我才明白，原来在游戏里也是有感情的，里面有着许许多多感人的故事，有爱情亲情友情，还有一些是自己也无法用言语表达的情感，真挚而热烈。

相信看过这个故事的每个人都会为此款游戏感动。看官们，冲着这股爱国精神，无论如何也要玩下此游戏，感受下中国人的强大。

CF篇

先简单地介绍一下CF，CF是"穿越火线"的简称，该游戏是韩国SmileGate公司在2008年推出的次时代网络枪战游戏，在中国大陆由腾讯公司运营。它是以两大国际佣兵组织为背景，规避了包括"反恐精英"在内的多款人气FPS的缺点，并吸取了国内玩家所喜爱的各项枪战游戏后，开发的一款第一人称射击游戏。在最近开发的多种在线FPS中，Cross Fire有团队竞技模式、团队爆破模式、幽灵模式、歼灭模式、个人竞技模式、特殊战模式、生化模式和突围模式，共有地图约32个，每个地图都有背景，还有12种不同的人物：斯沃特、奥摩、赛斯、夜玫瑰、猎狐者、灵狐者、飞虎队、刀锋、生化幽灵、绿巨人、疯狂宝贝和迷雾幽灵。

游戏背景分为两点：

第一，潜伏者。穿越火线的基本角色，没有人知道是谁创建了潜伏者佣兵公司，也没有人知道他的总部究竟在哪里，有人说他专门为第三世界国家服务，也有人曾声称他曾为叛军执行"特殊任务"。然而至今为止，无人见到这家公司的负责人，甚至没有法律可以约束到他。但有一点大家都清楚：潜伏者从不为弱国服务。有人说，潜伏者成员流着野性的血，这让他们愿意为强国服务，甚至执行某些"特殊任务"。对于外人来说，有关他们的一切都只是猜测罢了。

第二，保卫者。早在保卫者佣兵成立之初，他便开始公开招募从各个著名特种部队退役的队员。这家公司以维护和平为名义，服务于强势国家。他们宣称自己拥有最正义的立场，向弱国开战违背了他们的游戏意愿，即使再多的金钱诱惑，他们也不为所动。然而，保卫者从来不透露他们每一场战斗的具体情况，甚至内部成员也不愿意多说，因此他们公开宣称的一场"邪恶+猥琐"的行动受到越来越多人的怀疑。很快，外界开始指责他们是强势大国和大型财团的又一个工具。甚至有传言说，许多优秀的队员因为保卫者的所作所为违背了自己的理想，黯然离开了这家公司。

操纵西方世界利益的雇佣兵"保卫者"和受弱小国家在内的第三世界国家之托出战的"潜伏者"军团，在这种小国反抗大国操纵世界格局而对立的立场下，这两个雇佣军团在世界各地进行战斗，即为穿越火线的游戏背景。由于每个地图都有背景故事，让核心玩家更专注于游戏世界中。刀锋是某联合特种部队中的一支精英小组，至今已经成立了十年以上，小组中的几位成员不仅战绩显赫，而且长相英俊潇洒，在必要的时刻他们能力挽狂澜甚至是为国捐躯，以换取决定性的胜利。他们的觉悟和手段是常人无法想象的，并且行动敏捷，出手准确、果断，往往会在作战中给对方致命一击。

小生现在拥有了CF的两个角色和数不清的枪械，除了系统送的还有就是自己花游戏币买的，很好很强大，现在在一个战队里面混了一个副队长，感觉蛮好。在CF里面玩的都是技术和意识，不是说你技术好了和别人打就能枪枪爆头，就能在爆破模式中战无不胜，那样的技术好只不过是一个枪法好的菜鸟，和真正技术好的人还差一大截。意识也是很重要的，在爆破模式中，你要随时掌控自己的队友和敌人的位置，你要知道什么候压脚步，什么时候换枪快速奔跑。时刻做出支援队友或者是消灭敌人的准备，只要是在雷达范围以内的队友，你要时刻注意哪里有枪声，队友在哪里，队友牺牲在哪里，敌人可能在哪个方向，你自己蹲在哪个地方隐藏起来是最好的，你要知道从什么地方对敌人进行偷袭是最有利的。你要是不知道这些，那你就是一个不折不扣的菜鸟，只能在战场上被别人无情地狙杀。最重要的是你要会配合战友作战，不能只顾自己，要有团队意识，要不然就会因为你的失误造成全军覆没。

所以，玩这个游戏之前，各位看官要先备备课，然后慢慢上道，开始感受那久违的战斗场面。

5. 跑跑卡丁车篇

哪个男人不爱跑车，哪个女人不爱兜风？为了满足大家这个愿望，商家出了跑跑卡丁车这款游戏，就是模拟的虚拟赛车比赛。

这是一款纯技术的游戏，跑跑卡丁车是韩国NEXON公司出品的一款休闲类赛车竞速游戏。与其他竞速游戏不同，跑跑卡丁车首次在游戏中添加了漂移键，游戏以"全民漂移"为宣传点，而角色则使用泡泡堂中的人物，角色可以驾驶卡丁车在沙漠、城镇、森林、冰河、矿山、墓地等多种主题的赛道上进行游戏。

跑跑有很多模式，比如说竞速、道具等。个人竞速赛：由2到8名玩家参加。游戏中可以通过漂移聚集 N_2O 来获得短时间的 N_2O 加速。如果在漂移聚集 N_2O 时发生碰撞，刚刚收集的 N_2O 就会消失。竞速赛更能锻炼个人的技术，也更能锻炼人对地图的适应能力。组队竞速赛：由偶数个玩家参加，分成红和蓝两队，玩家可自由选择加入某一方。通过漂移聚集 N_2O 来获得短时间加速。另外，有集体聚气设计，即每位车手在漂移时都为集体聚气槽积累一点 N_2O。积累完成后，全队将获得一个增强的 N_2O 道具，可获得50%的加速持续时间奖励。

还有就是道具赛，道具赛一般分为个人道具和组队道具。

个人道具赛：由2到8名玩家参加。第一个冲过终点线的玩家获胜。在道具赛中，可以使用各种各样的道具，用来攻击对手或者防御别人攻击，但不可自行积累N2O。组队道具赛与组队竞速略有不同：没有积分规则，第一是哪个组的，哪个组就获胜。没有集体聚气，道具使用规则与个人道具赛相同。道具赛对新手来说是一个很好的选择，不但可以为玩竞速打基础，而且也有无尽的乐趣在里面。道具赛还是运气和智慧的比赛，看你能否在短时间内判断出怎样才能把你拥有的道具发挥到极致。

　　尽管男人多爱跑车，但该游戏玩家还是以女人较多。跑跑里面你要不断地努力挣钱买更好的车，像什么马拉松魔怪、PRO—W型雷霆、PRO龙车、PRO小绵羊、PRO尖锋、PRO—G型尖锋、PRO—G型等离子、PXT等等，上述这几大车型是目前最火的，并且是最贵的，也是性能最好的。如果要攒钱买车就买4喷的车，这样的车稳定性好，而且在竞速模式中更容易聚齐，使你能快速地赢得一个加速的机会。现在很少有人还开一辆平板车去跑竞速，都是很豪华的车型，并且带有宠物等，这些装饰可以给车手带来很好的运气和规避一定的危机。

　　跑跑也是一款危机四伏的游戏，在游戏里面最常见的就是和别的车手发生剧烈碰撞。你要是技术好，就可以独自跑到前面。但是，一般情况下会有不小的竞争，特别是在弯道的碰撞，那对车手来说简直就是一次灾难。拿不到冠军不说，更会有掉到深坑或者悬崖使自己死无葬身之地的危险。虽然你还会复活，但你已经失去了争夺前几名的希望。所以说，好车好技术才能在跑跑里一路高歌。

玩跑跑，还有一个重点就是漂移，这是一门技术，需要玩家在探索领悟中逐渐成熟起来。

还记得周董的《头文字D》吧，里面的漂移够劲爆够刺激吧。现在不用眼馋了，跑跑卡丁车可以带你实现比《头文字D》更疯狂的感觉。一路漂移，向北！

6 诛仙篇

现在，小生介绍另一款游戏《诛仙》。《诛仙》由萧鼎写成，是一部连载于幻剑书盟网站上的古典网络仙侠小说。《诛仙》情节跌宕起伏，人物性格鲜明，书中反复探究的一个问题就是"何为正道"，"天地不仁，以万物为刍狗"是这本小说的主题思想。

《诛仙》的出版可以说是武侠小说界的一件大事。从2003年以来，凡是喜欢读网络小说的，没有人不知道《诛仙》；凡是奇幻小说迷，没有不知道《诛仙》的；凡是武侠小说迷，更是无人不在说《诛仙》。它与《飘邈之旅》、《小兵传奇》合称为"网络三大奇书"。

后来，完美时空公司将《诛仙》改编成一款3DMMORPG网络游戏，并于2007年开始运营。凡是看过小说的多数成了诛仙游戏玩家。

现在，诛仙又推出的《诛仙2：新世界》加入了一个新的剧情。画面很完美，设定的角色也很漂亮，堪称男俊女俏。游戏里有七大职业，即鬼王宗、合欢派、天音寺、青云门、鬼道、九黎、烈山、天华、怀光。当时小生选择玩这个游戏主要是因看了小说《诛仙》，当时比较喜欢小说里面的青云派，所以职业就选了青云门。青云门是修真界正道三大门派之一，青云一脉历史悠久，创派至今已有2000余年，为当今正邪两道之首。青云门下，因当年青叶祖师在"幻月洞府"中得到古剑"诛仙"，仗之横行天下，几无敌手。千年之后，剑侠辈出，几乎成了青云门不成文的招牌，便是改名叫青云剑派也无不可。更有开山祖师传下"诛仙剑阵"，威力绝伦。诛仙里面除了不断升级还会有很多的装备，作为一款免费的游戏，里面的顶级装备不是靠你打怪就能弄到的，关键是里面给装备增加属性的属性符，一般4档以后就要靠其他的辅助材料才能升级。

相信看过小说版《诛仙》的看官朋友对这款游戏会更感兴趣，原先脑海里想象的男女主角，现在就是你了！

魔兽篇

至于《魔兽世界》，简直就是网游史上的经典。这款游戏很有特色，玩家上线率至今已经超过千万，并且它有长达10年的发展，《魔兽世界》已经成为一个拥有巨大而完善的故事背景、庞大历史架构的魔幻世界，各种设定早已深入人心，为广大玩家接受和推崇。作为一门国际赛事，目前每年都会举办魔兽的电子竞技赛。

游戏业中流行一句话，"暴雪出品，必属精品"，暴雪炫耀的"无与伦比的乐趣"在此款游戏中得到了充分体现。

这是一款开创网络游戏新时代的精品，开发前后历时5年。游戏背景堪称史诗，主线故事与发展环环相扣，引人入胜。

粗浅介绍下此款游戏的历史渊源和故事背景。

《魔兽世界》故事情节展开在《魔兽争霸Ⅲ：混乱之治》后的四年，巨大的不安在被蹂躏得伤痕累累的艾泽拉斯世界上蔓延开来。那些经历完战争的种族们开始重建家园。而新的威胁来自于远古和不祥的未来，灾难、瘟疫再一次侵袭了这个世界。

玩家可以在其中扮演自己喜欢的英雄，探索、冒险贯穿着这个庞大的世界，数以万计的玩家同时活动在这里。

无论结伴冒险或互相角斗，玩家都将会找到朋友、组建联盟，为了力量和荣誉同敌人们战斗！

操作简单便捷、画面精美细致、战斗紧张刺激，丰富的种族职业和技能魔法的设定让玩家在游戏里可以演绎独特的自我，不同于千篇一律的打怪升级模式，数千个大小不同的任务，不会重复，充满特色的任务穿插于整个游戏进行过程之中。

同时开放了数千种完全不同的装备和道具，完备的装备等级制度和丰富的物品种类，让魔兽世界更趋丰满。

最重要的是，魔兽不以画面取胜，推荐配置并不高。

游戏提供了两种不同的服务器类型，即PvP服务器、PvE服务器。上百个场景，写实风格的地形地貌，贯穿整个大陆板块，玩家可以在森林、沙漠、雪山和其他奇山异水中探索广阔的世界。角色分为不同种族，每个种族都有鲜明的特色，包括各自的故事背景、城市、天赋能力以及不同的运输方式和坐骑。

此外还设计了10个职业，包括追随圣光的圣骑士，捍卫自然和谐的德鲁伊，骁勇善战的战士，施展魔法的法师，受到恶魔诱惑的术士，潜藏在阴暗中的潜行者，与野兽相伴的猎人，信仰坚定的牧师，萨满祭司，阴暗邪恶的死亡骑士。玩家可以自行设定出人物角色的个性。

小生在WOW中度过了2年，认识了许多朋友。小生的感觉是，友谊是真实的，而装备是虚幻的。无意中看到这么一句话"游戏感动生活"，回想2年的《魔兽世界》历程，真的感动了自己。

这是一个空前庞大的体系，各位玩家，若是想玩游戏就必须玩《魔兽世界》。否则，即使玩遍数千种游戏，没玩过《魔兽世界》也终究是遗憾！

如果上面这些游戏把你带入疯狂的虚拟世界却还不过瘾的话，下面这些就足够让你心跳了。怎么样，玩家们，敢进来吗？

《终极战争》：最适合那些喜欢听自己怒吼声的家伙

此款游戏由一个全球战役的地图设定，背景设定在2020年，因为欧洲、美洲与俄罗斯之间的军事竞赛，美国将武器竞赛开展到太空，让全球变成三强对峙的战场。

能源已经枯竭，这样的局势加速了自冷战以来最快速的军事发展进程。人们建造了一个导弹防御系统来保护美国、欧洲、俄罗斯免受核打击威胁。但是，和平并没有到来，取而代之的只是大规模战争的爆发。第三次世界大战开始了。

你可以选择部队，如空降部队、机械化部队、装甲部队、情报部队或者突击队等。游戏采用无缝语音控制系统，你能像一个真正的指挥官去指挥战斗，用你的战术头脑来灵活控制部队的行动，改变战术，以对应于战局的发展，此款即时战略游戏彻底摆脱了普通PC平台的下拉菜单模式，玩家们终于解放了，烦人的下拉菜单终于走进了坟墓！革命性的语音控制系统意味着你可能改变这场世界大战的最终战局——你只要通过麦克风下达命令，"第一单位去打敌人的第二队"或者"第三单位去营救目标"！

运用这些"高端"技术展开战斗吧！并且玩家的视角不再是单一的枯燥的俯视，而是可以以第三方视角追随镜头去战场第一线体验成百上千的单位同时交战，还可以从一个作战地转移到另一个作战地。

《鹰击长空》：最适合有英雄情结的家伙

此款游戏融入《火线猎杀：先进战士》以及《终结战争》的人物与故事，游戏新增视觉化雷达网与飞行辅助模式，没有严谨难懂的操作与仪表，能轻松体会到飞行闪避的快感。

其画面与地景下了很大的功夫，采用真实卫星空照图当地景。所以，在天空遨翔时俯视地表的感觉相当棒。游戏中的飞机3D模组很有质感。对飞行迷堪称福音。

升级系统有CoD4的感觉，完成不同难度的关卡、做出特技动作等都有奖励经验值，对于成就迷与挑战飞行技术者是很大的诱因。取得经验值会自动提升等级，且解开新机体与各式战机的武器模组，以提升玩家的战斗力。

具体背景设定在2012年的美国，面对一伙巴西雇佣兵的袭击，只有高空作战的X部队才能拯救美国。这一次，玩家飞上高空，面对目标疯狂射击或是躲避敌人的导弹，并且游戏中有自动飞行控制功能可以帮你找到攻击路径和规避路径。当然，如果追求趣味性和刺激性，可以试试自主操控以及4人在线联机作战。游戏还提供按照真实的GPS数据缩小的电子导航。OK，如果手痒痒，就去试试吧。

《魔女》：最适合蠢蠢"欲"动的物神崇拜者

日本开发，夺人眼球的暴力是这款游戏的灵魂，当然也不乏妙语连珠或者是日本人认为的喜剧元素。如果你好这口，则会让你在紧张之余获得一丝喘息的机会。如果你的小身体承受力有限，这款游戏就有些挑战你的极限了。

《波斯王子》：最适合喜欢攀爬并愿意把自己比喻成猴子的家伙

重金属摇滚王子此番出山，变得更加强大，能跑能跳，能爬上任何一个想爬上的地方。在与复仇之神的战斗中，你可以自己掌控局面，选择武器。不过，也有不尽如人意的地方，比如与前几个系列比较，王子不得不用时间换取力量，这对于手慢的玩家来说是个坏消息。

当然，为了弥补这个缺陷，王子也拥有了新式武器——金属手套。在王子跳跃时，手套能起到缓冲作用。在赤手空拳与敌人搏斗时，手套还能充当武器抓伤敌人。

另外，游戏中的格斗场面有了不少改进，需要动用一些智慧啦。

《辐射3》：最适合科幻小说迷、试图毁灭一切的家伙

游戏的背景是在一次核战争200年之后，玩家走出了华盛顿的避难所，拿起了半自动步枪和辐射仪，开始射杀无数的异形、巨蚁以及带有辐射性的食尸兽。你可以按照游戏故事主线来进行游戏，也可以按照自己的意志，凭借技巧去控制游戏的发展。还可以利用拱顶技术的辅助，找到目标，精准地确定打击目标的位置进而实行攻击。

此款游戏由大卖的《上古卷轴》背后的智囊团再次出击，不过就是背景设置在遥远的未来，远到世界末日之后而已。

《特工代理》：最适合喜欢伪装东欧间谍的家伙

这款游戏可以让玩家过足特工瘾，最重要的是不必偷偷摸摸，就像007那般爽快。只要换身装束，你的身份就变了，技能也完全不同了。在这个利益至上的虚拟世界里，成为国际级的超级间谍是你的终极目标。你不必再耗费几个小时坐在电脑前面，为了获得一件破破烂烂的防弹衣而苦攒积分，当然还需要花一点小钱，开通一个在线账号，你就可以获得一部酷毙的超级汽车。游戏中的玩家可以合作闯关，同《魔兽世界》，但谁又能保证今天的朋友不会成为明天的敌人呢？

《战争机器2》：最适合处于伤风恢复期的家伙

更好、更大、更吵，让你冒汗，病好得就快了。

7 chapter

贫客玩美味

说起美食，眼泪哗哗的，
忒复杂，也忒简单。
菜品如人品，人穷品不低，
小生这就教你两招！

说起美食，眼泪哗哗的，忒复杂，也忒简单，没钱没关系。你要是不知道胃口在哪儿，就跟谈恋爱时分不清张三李四王二麻子似的，那你就over吧，别糟践了我们银河系的性别，别糟践了美食。比如鸡脚，千万别质疑这种皮包骨头的东西，抨击其名过美，叫什么凤爪。兄弟，这不是水泊梁山，大碗酒、大块肉跟猪八戒吃人参果没啥别样，"滋味儿"这东西跟臭豆腐似的，让人费解。小生跟你唠唠——这大中华有人嗜螺蛳、有人嗜猪蹄，不是只有山珍海味才可让人一脸专注、怡然自得、津津有味。

菜品如人品，人穷品不低，小生这就教你两招⋯⋯

记得世界杯刚结束，大家聚在一块儿准备闹闹。贫客嘛没啥钱，就在夜市上坐了，本着的态度当然是大块吃肉、大口喝酒，可是却被上来的一扎红酒改了线路。

一朋友由滥红酒说到好红酒，说到了我们耳熟能详的法国。这厮道，那里有誉满全球的卢浮宫、巴黎圣母院，有最美丽的香榭丽舍、雄伟的埃菲尔铁塔、恬静的塞纳河，有莫里哀、司汤达、巴尔扎克、大仲马、雨果、福楼拜、小仲马、左拉、莫泊桑、罗曼·罗兰的足迹，有戛纳的声色光影，有波尔多的红酒摇曳，有盛誉满载的巴黎时装、法国大餐⋯⋯

由这法国大餐又说到了法国人的率真、浪漫、谦恭，说到了他们的情调制胜。

然后，我们老少爷们一堆人对着毛豆花生的拼盘，在烤肉的焦味中似乎闻到了那所谓的调调，那鲜花、音乐、精美的餐具、幽幽的烛光，然后嚼着西瓜畅想那最迷人的甜品华丽登场，可以是布丁、蛋糕、冰淇淋、奶酪、水果……

那一餐饭，以最轻松的姿态温柔地抚慰着味蕾更悠长的记忆。

而那哥们也终于在饭桌上泡到了一个让我们垂涎三尺的美妞。

看来贫客们也是可以玩儿魔术的，从没有到有，从枯燥到调调，从堕落到升华，从光棍到有媳妇儿……既然可以用知识武装头脑，不妨唠叨几句，将美味一网打尽。

先说美国菜。大家都知道美国是典型的移民国家，从哥伦布发现美洲大陆后，一些欧洲国家就开始向那里移民。移民发展了经济，同时也把原居住地的生活习惯、烹调技艺带到了这片新的土地。所以，美国菜可称得上大杂烩。

有人说，美国菜有着英国血统的牛排，法国血统的薯条，假墨西哥血统的鸡肉卷（因为墨西哥鸡肉卷完全是美国人的自创，融合了拉美的历史、西班牙的风味和墨西哥的署名），德国血统的汉堡包（汉堡，19世纪末由德国传入美国，美国将之发扬光大。美国汉堡除夹传统的牛肉饼外，还在圆面包的第二层中涂以黄油、芥末、番茄酱、沙拉酱等，再夹入番茄片、洋葱、生菜、酸黄瓜等食物，就可以同时吃到主副食）。

那么，什么是美国自己的？这些都不重要了，作为一个民族，她本身就是一个舶来的混合体。她可以没有真正源于本国本土的文化，但却能敞开襟怀接纳来自世界各个角落的文化与风俗。

再说说意大利餐。意大利人是美食艺术家，他们在饮食方面造诣很深，如同他们的时装和汽车。他们的美食典雅高贵、浓重朴实、讲究原汁原味、菜系非常丰富，再老土的人也应该知道比萨饼和意大利粉，这两样当然是小儿科，最令人垂涎的还是海鲜和甜品。意大利餐对欧美其他国家的影响也根深蒂固，并由此发展出法国餐、美国餐在内的多种派系，有"西餐之母"之美称。

意大利人喜微辣、甜酸，注重菜品的浓、香、烂，讲究菜肴与酒的搭配。鱼和白肉配白葡萄酒，肉菜配红葡萄酒或粉红色葡萄酒，膏、菜粥等根据调味酱来决定葡萄酒，鱼贝类的调味酱配白葡萄酒，带肉的就用红葡萄酒或粉红色葡萄酒。古希腊人称意大利为葡萄酒之国，可见意大利的葡萄酒历史久远，据说共和时代的雄辩家西塞罗、皇帝恺撒都曾沉迷于葡萄酒之中。维苏威火山爆发，化为死城的庞贝城的遗迹里，仍保留有很多完整的葡萄酒壶。据说古代的罗马士兵去战场时，和武器带在一起的还有葡萄苗，领土扩大到哪儿就在哪儿种下葡萄。

意大利有"旅人的第二故乡"之喻，吃意大利菜不必束手束脚，一伙人热热闹闹、吃得豪爽痛快有气氛才对。

介绍几款意大利招牌菜，贫客们可以买来食材自己尝试，既省钱又浪漫。

招牌小牛肉片是把米兰小牛肉，用芹菜、洋葱、月桂叶等辛香料加白酒煮软，放凉后切薄片，再淋上以鱿鱼、鱼泥打成的美乃滋酱，OK。

再来个鲜肉盘，其实就是传统的生牛肉薄片，配蒜味橄榄油、盐、胡椒、柠檬汁、起司食用。另一个版本是用生鱼片。

来个意式馄饨汤，像小型馄饨的意大利面，用绞肉、起司、火腿、蔬菜等煮成肉汤食用。

沙拉，用生菜、节瓜、甜椒、小章鱼、甲鱼、松子、缘花菜等，加点特级橄榄油、葡萄酒醋、盐、胡椒、柠檬汁拌拌。

正宗意大利面，意大利面有好几百种，最正宗就是圆圆的细长的这种。可以配肉酱汁、配鹅肝，或者配奶油蛋汁酱、古味则松子酱等。

意大利炒饭，用松散不黏的圆米，以海鲜、洋菇、青豆、起司等炖煮而成，放凉了就大功告成。

面疙瘩，用煮熟的洋芋或南瓜、稞麦等与面粉混合揉制成，再塑成小块。

米兰小牛胫肉是米兰招牌菜，小牛胫骨切成环状，以白酒、番茄、香料久炖而成，骨髓是其精华。

火腿起司牛排，这火腿、起司、牛肉都是意国特产，重点是煎好即吃，不加其他酱汁，或者来点橄榄油，可使肉质更滑嫩。

红炖白豆牛肚，以特产白豆加番茄炖牛肚，是中部名菜。

蔬菜烤鹌鹑或者香料烤羊排，前者是夏季打猎才做的季节料理，后者是食客的新欢。

茄汁鲈鱼，炖煮后，再淋茄汁。

压轴好戏是提拉米苏，拿长形指状的饼干用咖啡汁、牛奶浸泡，再以咖啡汁、起司、巧克力、鲜奶油等打成酱料，以一层饼干、一层酱的形式叠成七层，冷藏后便成。

以上这些够让你流口水的了吧？再说说墨西哥餐。

提起墨西哥，很多人会脱口而出墨西哥的三大特产即仙人掌、金字塔和草帽。

古老的玛雅文化给墨西哥蒙上了一层神秘的面纱。源远流长的耕种历史，丰富多样的农作物造就了缤纷多彩的墨西哥佳肴。墨西哥餐口味繁多，清爽、辛辣、香甜、浓郁等各式美味勾勒出一幅五彩斑斓的美食画卷。

墨西哥人嗜辣，几乎每天都离不开它，这个国家也是辣椒的故乡。餐厅的每一桌都会摆上辣椒酱，口味也不尽相同。你也可以自己试着做，把很辣的辣椒放在木碗里捣碎，再把西红柿、洋葱、香菜、大葱切碎放进去，放点儿盐，就制成了美味可口的辣酱。

墨西哥美食文化已有4000多年的历史，与中国美食文化一样源远流长并影响广泛。

提起墨西哥不得不说酒。苏尔啤酒是墨西哥文化的精髓，在历史中，逐渐和墨西哥的热情奔放联系在一起。龙舌兰酒是墨西哥的特产，酒性浓烈，曾被誉为"最浪漫的酒"，辣中有甜，缠绵于舌尖，颇能代表这个国家的性情——热情如火。

再说说我们熟悉的澳洲，澳大利亚是个移民国家，来自世界各地的新移民开始新生活的同时，也把世界各地的传统风味带到这里。由于得天独厚的自然条件，很多稀有的食材只有在澳大利亚才能够找到，美食遍布在这个国家的每一角落。

悉尼沉醉在美丽的港口中，悉尼人每个月都要前往贝盟湾公园逛一逛

农产品市场。那里除了新鲜的农产品之外，还提供各种美食，你可以拎一篮子野餐，一边吃，一边观赏路边的表演，美美地晒完肚皮还能在周围的木板道上散散步，欣赏欣赏港口的美丽。

悉尼还有个鱼市场，是悉尼海鲜美食的发源地。有堆得如小山般、在太阳照耀下闪闪发光的对虾，还有数不尽的鱼、牡蛎、龙虾、蛰虾、毛蚶。还有很多海鲜外卖，从生鱼片、寿司、烤章鱼到马来西亚的辣味米粉汤面，可谓应有尽有。

优雅的墨尔本以精致美食闻名，是全球美食家的圣地。那儿足以满足你那探求美食的好奇心和渴望，并让你的味觉得到无上享受。布里斯班的发电站市场让美食有了文化的意味，市场坐落在河边的表演艺术中心内，修剪精细的花围衬托着艺术展台，并饰以牡蛎、牛肉、野鸡、鸭胸、茶点和其他琳琅满目的美食。在这里，你忍不住想说的话是"见见你的美食厨师"，这也是市场的格言，伴随着美味，还有街头艺人，西班牙吉他手和各种精灵古怪的街头表演让你仿若置身梦境。

让我们前往北领地，光临名迪海滩的特色夜市。暮色渐浓，沾染着魔力的美食渐次登场，它们融合了各种饮食文化的精髓：亚洲辛辣美食，希腊传统佳肴，意大利、英国和南美风味的美食应有尽有。如果是5月到10月的干旱季节，夜市在周四和周日准时开幕。如果你对鳄鱼肉着迷，可以去爱丽斯泉的陆上牛排屋试试，让澳洲风情淋漓尽致地展现。当然，还有袋鼠肉哦。

来到南澳的巴罗莎山谷，这里是澳洲最大的葡萄酒生产地区。食物和美酒已经成为这一地区不可缺少的一部分，到处都能展开美酒佳肴之旅，甚至还有一趟美酒列车，能将你带往各家酿酒厂，品尝到各家葡萄美酒。

继续美食之旅，到达塔斯玛尼亚首府撒拉曼卡广场，这里是宗教文化和农贸集会的地点，尽情品尝塔斯玛尼亚这个小海岛的风情美食吧。珍宝岛无疑是塔斯玛尼亚州酿酒业的代表。不仅如此，还向当地人以及澳洲大陆提供最上乘的鲑鱼和甲壳类美食，还出产苹果、浆果、李子、油桃、芥末等，奶酪也让你爱不释手哦。

邻近的国王岛是一个美丽的地方，那里没有红绿灯，空气芬芳，美味的奶酪散发着幽香，牛肉、野生火鸡、野鸡，以及国王岛面包店刚出炉的美味派都让人欣欣然。和友善的当地人坐在农庄里，喝上一杯茶或吃上一顿午饭，度过悠闲的时光吧。

把事情向大了说，世界上有三大菜系——中国菜、土耳其菜和法国菜。

从土耳其开始，它的饮食就像它的文化一样受到许多国家的地理、历史的影响。从赫梯文明、古希腊文明到塞尔柱和奥斯曼帝国，它们在土耳其共和国建立之前，持续了850年。奥斯曼帝国时期的皇宫里，厨师成百上千，他们是土耳其的饮食文化的奠基者。

那时，商队运送着全世界质量最好的香料，住在帝国免费提供的驿站里。民间商业团体也效仿宫廷，开展饮食文化的竞争，由此形成了独特的饮食风格，融合了欧洲、地中海菜系，中东游牧民族的饮食习惯。在土耳其，随处都可以领略烤肉的诱惑，其中最具特色的是以羔羊和鲜嫩多汁的

牛肉混合而成的炭烤肉，不但是穆斯林爱吃的美食，也被很多非穆斯林认可并情有独钟。如果再配上独特的酸奶酪汁外加一杯红酒，那简直是绝妙的享受。

土耳其料理的味道是一般佳肴无法媲美的。料理的种类有各种汤菜、凉菜、肉料理和鱼料理。饭后，还有著名的土耳其点心和糕点，当然还有著名的土耳其咖啡。

一杯加了丁香、豆蔻、肉桂的中东咖啡满室飘香，难怪阿拉伯人称赞它：麝香一般摄人心魄。咖啡在16世纪正式传入土耳其，并且迅速传至欧洲大陆。盛行于希腊、东欧、中东、北非等地的咖啡饮用法，一般人惯称土耳其咖啡或阿拉伯咖啡，至今仍保持着早期宗教仪式的神秘感。

地道的土耳其咖啡，是把烘焙、热炒、浓黑的咖啡豆磨成细粉，同糖和冷水一起放入红铜质的咖啡煮具里，小火慢煮，反复搅拌、加水，大约20分钟后，一小杯50毫升又香又浓的土耳其咖啡就大功告成。"欧尔达"加糖，"萨德"不加糖。尽情享用吧。

不过，当地人喝咖啡不过滤，一杯浓稠的咖啡倒在杯子里，不但表面上有黏黏的泡沫，杯底还有渣渣。在中东，受邀到别人家里喝咖啡，代表主人最诚挚的敬意。客人除了要称赞咖啡的香醇外，一定要有礼貌哦，别喝完咖啡喝水，哪怕满嘴的渣滓。否则，主人会以为他的咖啡不好喝的。

喝完土耳其咖啡后，可以开始神秘的咖啡占卜。怎么个占卜法，自己找本专业书籍修炼修炼……

接下来说下清真菜，兰州的甘肃炒鸡块、银川的麻辣羊羔肉、青海的手抓饭、云南的饵块煎牛肉、吉林的清烧鹿肉、北京的独鱼腐……啧啧，清真菜最突出的特点是饮食禁忌严格，其饮食习俗来源于伊斯兰教教规。

伊斯兰教认为，人们的日常饮食不仅为了养身，还要利于养性，因而主张吃佳美、合法的食物。此外，无鳞鱼和凶狠、性情暴躁的动物也不能吃，如鹰、虎、豹、狼、驴、骡等。清真菜选料主要取材于牛、羊两大类，特别是烹制羊肉菜肴极为擅长。

清代乾隆年间以羊肉、羊头、羊尾、羊蹄、羊舌、羊脑、羊眼、羊耳、羊脊髓和羊内脏为原料的清真全羊席，让人叹为观止，可以做出品味各异的菜肴120余种。全羊席在清代同治、光绪年间极为盛行。以后，因烹制全羊席过于靡费，遂逐渐演化为全羊大菜。

现在，我们开始熟悉下八大菜系吧。

先说川菜。川菜突出麻、辣、香、鲜、油大、味厚，重用"三椒"（辣椒、花椒、麻椒）和鲜姜，在烹调方法上擅长炒、滑、熘、爆、煸、炸、煮、煨，从高级筵席"三蒸九扣"到大众便餐、民间小吃、家常风味，菜品繁多，花式新颖，做工精细。

川菜的盛誉古已有之，还与文人结下佳话。宋时，陆游长期在四川为官，对川菜兴味浓厚。唐安的薏米、新津的韭黄、彭山的烧鳖、成都的蒸鸡、新都的蔬菜，都给他留下难忘的印象，晚年还在《蔬食戏作》中咏出"还吴此味那复有"的动情诗句，在《饭罢戏作》中说"东门买彘骨，醢酱点橙薤。蒸鸡最知名，美不数鱼鳖"。"彘"即"猪"，"彘骨"即猪

排。其《剑南诗稿》谈到四川饮食的竟达50多首，由此可见四川各地民间美食的绚丽。

川菜主要分为蓉派和渝派两大类。蓉派川菜讲求用料精准，严格以传统经典菜谱为准，其味温和，绵香悠长，通常颇具典故；渝派川菜以用料大胆，不拘泥于食材，手法更新为主，大方粗犷，俗称江湖菜。

再说徽菜。顺道说说徽州吧，古称新安，自秦置郡县以来，已有2200余年历史，徽州地区是中国历史上经济文化重地。古徽州是徽商的发祥地，明清时期徽商称雄中国商界300多年，有"无徽不成镇"、"徽商遍天下"之说。徽菜的形成与古徽州独特的地理环境、人文环境、饮食习俗密切相关。

徽菜以烹制山珍野味而著称。山珍野味，构成了徽菜主作料的独到之处，花菇、蘑菇、平菇、香菇、白木耳、黑木耳、石耳、蕨菜、黄花菜、金针菜、水芹菜……可食野菜与各种花、茎、秆大量进入徽菜谱。

再看鲁菜，鲁菜发端于春秋战国时期的齐国和鲁国（今山东省），形成于秦汉。秦汉时期，山东的经济空前繁荣，地主、富豪出则车马交错，居则琼台楼阁，过着"钟鸣鼎食，征歌选舞"的奢靡生活。诸城前凉台出土的《庖厨图》可窥其一二：上面挂满猪头、猪腿、鸡、兔、鱼等各种畜类、禽类、野味，下面有汲水、烧灶、劈柴、宰羊、杀猪、杀鸡、屠狗、切鱼、切肉、洗涤、搅拌、烤饼、烤肉串等忙于烹调操作的人们。历经隋、唐、宋、金各代的发展和提炼，鲁菜逐渐成为北方菜的代表。

鲁菜讲究调味醇正，口味偏于咸鲜，具有鲜、嫩、香、脆的特色，十分讲究清汤和奶汤的调制，清汤色清而鲜，奶汤色白而醇。

再说南方的闽菜，闽菜又称福建菜，起源于福建闽侯县，在发展中形成福州、闽南、闽西三种流派。

闽菜注重刀功，有"片薄如纸、切丝如发、剖花如荔"之美称。汤菜更是考究，变化无穷，这与烹制海鲜和传统食俗有关。闽菜的煨制菜肴，具有柔嫩滑润、软烂荤香、馥郁浓醇、味中有味、食而不腻的诱人魅力。闽菜中闻名中外的"佛跳墙"，是清朝后期福州"聚春园"菜馆首创，距今已有100多年历史。

同治末年，福州钱庄一个老板设家宴招待福建布政使周莲，其夫人采用鸡、鸭肉和海参、鱿鱼、鱼翅、干贝、海米、猪蹄筋、火腿、羊肘、鸽蛋等18种原料，辅以绍酒、花生、冬笋、冰糖、白萝卜、姜片、桂皮、茴香等配料，效法古人放在绍酒缸内文火煨制而成，取名"福寿全"。周莲大快朵颐，回去即命衙厨郑春发前来求教。之后，郑春发在用料上偏重海鲜，减少了肉类，味道变得更加香醇可口。后来，郑辞去衙厨，开设聚春园菜馆，供应此菜，生意兴隆。一次，几位举人和秀才慕名而来品尝此菜。端上这道菜后，揭开盖，香气四溢，众人品尝后无不赞好，争相吟诗作赋。有人当场吟诗赞曰："缸启荤香飘四邻，佛闻弃禅跳墙来。"从此，这道菜有了个"佛跳墙"的名字。

苏菜，又称江苏菜，江苏是名厨荟萃的地方。我国第一位典籍留名的职业厨师和第一座以厨师姓氏命名的城市均在这里。彭祖制作野鸡羹供帝尧食用，赐封大彭国，即今天的徐州，故名彭铿，又名彭祖。夏禹时代，淮夷贡鱼；商汤时期的太湖佳蔬韭菜花已登大雅之堂；2000多年前，吴人即善制鱼；1000多年前，鸭已为金陵美食；南宋时，苏菜和浙菜同为"南食"的两大台柱；春秋时期，易牙的"鱼腹藏羊肉"千古流传；汉代淮南王刘安在八公山上发明了豆腐；汉武帝逐夷民至海边，发现渔民所嗜"鱼肠"滋味甚美，南宋时期的明帝也酷嗜此食。"鱼肠"就是乌贼鱼的卵巢精白。南宋时吴僧赞宁作《笋谱》，总结食笋的经验。豆腐、面筋、笋、蕈号称素菜的"四大金刚"。南北朝时南京"天厨"能用一个瓜做出几十种菜，一种菜又能做出几十种风味。此外，腌制咸蛋、酱制黄瓜在1500年前就已载入典籍。

故苏菜系名菜众多，如淮安的长鱼席，扬州的三套鸭、溜子鸡、卤鸡、清炖甲鱼、火煮干丝、糖醋鳜鱼、双皮刀鱼、文思豆腐、清炖狮子头，镇江的水晶肴蹄、清蒸鲥鱼，靖江的肉脯，宜兴的气锅鸡，南京的金陵盐水鸭、炖菜核、板鸭、松子肉、凤尾虾、蛋烧卖，苏州的松鼠鳜鱼、三虾豆腐、白汁元鱼、莼菜塘鱼片、胭脂鹅、八宝船鸭、雪花蟹汁、油爆大虾，常熟的叫花鸡，无锡的镜箱豆腐、樱桃肉、梁溪脆鳝，徐州的狗肉，板浦的荷花铁雀，等等。

水晶肴蹄是苏菜中的名品。相传300多年前，镇江酒海街有家小酒店的店主在大热天买回四只猪蹄，打算用盐腌制，结果错放了岳父用以制鞭炮的硝。谁知肉质未变，反腌得硬结味香，肉红蹄白。经过一番烹调，香气吸引了神仙张果老，变成白发老翁来购，四只肴蹄吃了三只半，店主食了剩下的半只，可见味道实在是鲜美至极呀。

以湖南菜为代表的"湘菜"，是我国历史悠久的一个地方风味菜系，其风味是辣和腊。以辣味强烈著称的朝天椒为制作辣味菜的主要原料。腊肉的制作历史悠久，在我国已有2000多年历史。

粤菜是广东地方风味菜。广东境内江河湖泊纵横交错，气候温和，雨量充沛，食材极为丰富。同时，广州又是历史悠久的通商口岸城市，吸取了外来的各种烹饪原料和烹饪技艺，使粤菜日渐完善。加之旅居海外的华侨把欧美、东南亚的烹调技术传回家乡，丰富了广东菜谱的内容，使粤菜在烹调技艺上留下了鲜明的西方烹饪痕迹。据粗略估计，粤菜的用料达数千种，举凡各地菜系所用的家养禽畜、水泽鱼虾，粤菜无不用之；而各地所不用的蛇、鼠、猫、狗、山间野味，粤菜则视为上肴。

南宋周去非《领外代答》记载："深广及溪峒人，不问鸟兽蛇虫，无不食之。其间野味，有好有丑。山有鳖名蛰，竹有鼠名猷。鸽鹳之足，猎而煮之；鲟鱼之唇，活而脔之，谓之鱼魂，此其珍也。至与遇蛇必捕，不问长短，遇鼠必捉，不问大小。蝙蝠之可恶，蛤蚧之可畏，蝗虫之微生，悉取而燎食之；蜂房之毒，麻虫之秽，悉炒而食之；蝗虫之卵，天虾之翼，悉炒而食之。"

可见粤菜杂食之风令人瞠目结舌。

广东的小食、点心也颇具盛名，如广州的早茶、潮汕的功夫茶，这些饮食风俗已超出"吃"的范畴，成为广东的饮食文化。

浙菜，以杭菜为主，谚语有云"上有天堂，下有苏杭"，其美味分为三大派，一派是以烹调北方风味的"京帮"馆子，即烹饪界一致看重的大帮菜，以烹调高档原料为主，如鱼翅、海参、燕窝、熊掌以及烤乳猪、挂炉鸭子，此帮杭州最强。二派是以红烧为拿手的徽帮，主要分布于杭州、宁波等地，菜品以入味、重油、重芡、重色、经济实惠为主。三派即本地菜，真正的土生土长菜系。

浙菜有其独特的烹调方法，许多菜肴都不乏美丽的传说，文化色彩浓郁是浙江菜一大特色。其中的"西湖醋鱼"是杭州传统名菜，此菜相传出自"叔嫂传珍"的故事。

西子湖畔住着宋氏兄弟，捕鱼为生。当地恶棍赵大官人见宋嫂姿色动人，杀害其兄，又欲加害小叔。宋嫂劝小叔外逃，用糖醋烧鱼为他饯行，要他"苦甜毋忘百姓辛酸之处"。后来，小叔得了功名，除暴安良。后人传其事，仿其法烹制醋鱼，"西湖醋鱼"成为杭州的传统名菜。清康熙皇帝南巡时，也指名要品尝西湖醋鱼，可见此菜在清朝初期即名扬全国。

东坡肉，相传出自宋代苏东坡。宋元祐年间，苏东坡出任杭州刺史，发动民众疏浚西湖，大功告成。为犒劳民工，他吩咐家人将百姓馈赠的猪肉烹制成佳肴，与酒一起分送给民工。家人误将酒肉一起烧，结果肉味特别香醇可口。人们传颂东坡的为人，又将此独特风味的块肉命以"东坡肉"。

OK，八大菜系絮叨完毕，再给哈韩、哈日一族加点料。韩国位于朝鲜半岛南部，拥有3200个大小岛屿，其中最负盛名的当属素有东方夏威夷之称的济州。韩国饮食特点十分鲜明，烹调虽多以烧烤为主，但口味细腻爽口，"辣"是韩国料理的主要口味之一，但这种辣却与别的辣有所不同：川菜的辣是麻辣，透着鲜美；湘菜的辣是火辣，直冲冲的，不加任何掩饰；而韩国菜的辣却入口醇香，后劲十足，会让你着着实实地把汗出透。

最负盛名的韩国烤肉以高蛋白、低胆固醇的牛肉为主。不论是烤肉、泡菜还是糕点，五颜六色的视觉享受是韩国料理的最大特点。一方面保持食品原有的新鲜色彩，一方面展现出美食的不同形态，可谓色味俱佳！

石锅拌饭是韩国特有的米饭料理，它的发源地为韩国光州，后来演变为韩国的代表性食物。食用前，要用韩国的那种柄长匙浅的铁汤匙就着高温，将饭、菜、酱料全部搅拌，搅拌的时候，石锅会发出滋滋声响，饭、菜、酱料的味道也随着热腾腾的蒸气飘散开来。

韩国有句俗话："泡菜是半个粮食。"不管多么奢华的宴会，餐桌上也少不了泡菜。韩国人无论贫富贵贱，都以米饭为主食，一日三餐不离泡菜。

韩国人不仅直接食用泡菜，也用泡菜来做汤、煎饼等。其中，泡菜汤和泡菜煎饼是韩国饮食中极具代表性的料理。

再说说日本菜系。日本的主菜是鱼，"生鱼片"是日本独有的美味。

日本的冷面是放在竹制盘上，用筷子夹起放在冷汤里进食。

日本大都市的娱乐中心区，到处都有酒吧、迪士高、高级夜总会。日本人最喜欢喝啤酒，在夏天，部分百货公司更搞有露天啤酒场。还有日本清酒，酒味可口甜美，可以热喝或冷喝，容易喝过量而醉。无论哪一种清酒，都是日本菜肴的最佳搭配。一般普通的日式酒馆，气氛随和轻松。

日本料理在制作上比较讲究美学，要求材料新鲜，切割讲究，摆放也要艺术化，注重色、香、味、器的统一，要求色自然、味鲜美、形多样、器精良。再为大家介绍几个日式餐馆或者自己烹调日式料理常用的秘密武器。味噌、八丁红大酱、味淋酒、昆布、昆布汁、浓口酱油、苏子叶、七味唐辛子、高汤等。

最后说说东南亚菜。热情而神秘的东南亚，不仅是旅游胜地，更是美食的天堂，酸辣刺激、清甜甘鲜，泰国冬阴功汤、咖喱蟹、泰式咖喱牛肉、越南春卷、新加坡肉骨茶、槟城炒果条……无不让人垂涎三尺。

拥有蓝色大海和骄阳的东南亚，独得大自然的恩赐，拥有蔬菜、香料和海鲜等丰富食材。利用这些天然新鲜的食材打造的东南亚美食，融世界美食精华于一体，讲究酱料的调配与运用，又被称为"酱料菜"。

东南亚菜与众不同之处在于它所用的调料。地处亚热带，奇花异草繁多，青柠檬、柠檬叶是常见的酸味调料。尤其是泰国人，几乎在每一道菜中都会挤上柠檬汁，使每一道菜都散发出浓郁的水果清香，这种味道名为东南亚味道。

泰国是一个临海的热带国家，绿色蔬菜、海鲜、水果极其丰富。因此，泰国菜用料主要以海鲜、水果、蔬菜为主。泰国菜色彩鲜艳，红绿相间，视觉极佳。

越南招牌菜"牙车筷"，色泽明快，是用主食前必点的一道开胃沙拉，就是把各种鸡肉切成细丝，沸水煮熟后，与各种蔬菜丝一起拌匀，蘸上鱼露再吃，极其美味。

据说，越南的鱼露是将大量的鱼塞在瓦缸里，把盐、醋、酒、糖、酱等调料淋在上面，封好缸口，让它在阳光下暴晒，让鱼身发酵、溶解。一个月后，缸中倒出来的液体就是鱼露，它集中了鱼的精华，具有很高的营养价值。

缅甸菜深受邻近国家的影响，其咖喱比印度的温和，以香草烹调的汤羹和肉类与泰国的极其相像，而面饭菜式则有自己的风格。

介绍几道东南亚"国菜"，有机会了可以大快朵颐哦！

鲜香肉类不能错过咖喱煮牛腩、金不换茄子牛肉、蕉叶风味鸡、沙爹鸡、炸鸡翅、洋葱鱼露凤爪、咖喱牛肉、泰式红咖喱烧鹅，爽口素菜不能错过金砖焗豆腐、三巴蛋豆腐、娘惹焗茄子、虾头油冬瓜、槟城炒果条、泰式风味藕、鲜奶炒芥蓝，风情汤品有冬阴功海鲜汤、牛骨药材汤、辣酒煮羊杂、椰青红枣炖乌鸡、鱼羊汤，米面主食有马六甲炒饭、椰浆饭、印尼炒饭、鲁面等。

印度的歌舞世界出名，除了歌舞、音乐，美食一样是最动人最享受的元素。夜幕降临，印度餐厅旖旎的灯光闪亮，墙上神秘的图案、桌上的佛像，连厕所的挂钩都是木制象头，一切都风情款款。

餐厅的空气中弥漫着印度香的味道。点几款印度地道美食开始享受生活。炭烤羊腿选用精品羊腿，用印度的香料先腌好，配上特制的小饼加上咖喱汁、胡椒粉、香草汁、沙律，夹在饼里一块儿食用，别有一番味道。

印度菜以煮为主流，以糊状为常态。达里是人气最旺的印度菜之一，几乎每桌必点、每餐必食。类似豌豆的埃及豆，加上咖喱和多种香料一起煮，口感如同土豆泥，香浓滑嫩。

少数不成糊状的菜，以烤肉为最大宗，分为烤鸡、烤羊肉和烤鱼。用土灶般的传统大炉，熔炉内兼容全鸡、鱼和羊肉串，香料腌渍的各式肉品红艳一片，炉间如有空隙，则趁热再贴块米白烙饼。

众所周知，对印度菜来说，香料才是主角。茴香、豆蔻、香菜、芥子油、丁香、蒜泥、洋葱、清油及上千种咖喱粉，调配出香气浓郁、层次繁复的千滋百味。印度最基本的综合辛香料，被称为格拉姆香料粉，通常包括黑胡椒、肉桂、小豆蔻、丁香、小茴香、马芹、姜及胡荽籽等香料，可加速血液循环，吃完后通体舒畅。

在印度有十几种饼，类似中国北方的烙饼，卷成不同形状后，蘸椰奶、青椒香菜汁等酱料吃；还有叶子形状的饼及类似印度薄饼的鸡蛋饼。

令人叫绝的印度冷饮中酸奶绝对是首选，它口感充实而柔和，兼具营养、消毒和解腻之效。入菜是直接将半凝固状浓稠的酸奶舀在小酱料碗里。

极具特色的马色拉奶茶，是以肉桂、茴香子、沈金根粉末、番红花、八角、丁香为主，10种香料磨成粉后加入印度红茶制成，滋味华丽丰厚，口感暖烫带辣，是印度人每天下午及餐后必喝甜品。

讲完了可以当成谈资的美味，讲讲我们国家地地道道的小吃，那是不吃有瘾，吃了瘾大！感谢祖国，感谢政府，感谢祖先！礼毕，开吃……

当然不能错过江南的萝卜丝饼、梅干菜肉包、蟹壳黄、花生酥、香酥核桃等，不仅造型精美，而且松软润口，清爽怡人。还有那馄饨汤，一个小碗里，馄饨饱满地卧着，汤色淡清，汪着几滴油，漂着葱花和紫菜，还有颜色诱人的小虾米。

天涯篇中提到的南翔小笼，小巧玲珑，形似宝塔，半透明状，晶莹透黄，一咬一包汤，满口生津，滋味鲜美。吃时如佐以姜丝、香醋，配上一碗蛋丝汤，那味道更爽啦。

四川麻辣当道的担担面，面条细薄，卤汁酥香，咸鲜微辣，香气扑鼻，十分入味。担担面这个名字还有段历史，据说在自贡市有一位名叫陈包包的小贩，走街串巷地卖担担面，用一种铜锅隔两格，一格煮面，另一格炖鸡，由于最初是挑着担子沿街叫卖而得名。

当然，四川的赖汤圆可谓人人皆知，汤圆煮时不烂皮、不露馅、不浑汤，吃时不粘筷、不粘牙、不腻口，滋润香甜，爽滑软糯。吃的时候，蘸点芝麻白糖，会别有情趣！

还有西北的马兰拉面，一清、二白、三红、四绿。汤色清澈，香气很浓，萝卜片洁白纯净，鲜红的辣椒油漂在汤上，青菜新鲜碧绿。尝一口面，韧而不硬、滑而不烂，再加点辣椒、醋，那叫一个享受。

据说，清朝同治年间，有一个叫马保子的人开了一家面馆，后到兰州定居，取马姓和兰州的兰字；而马兰，正好又是甘肃戈壁滩上遍地开满的马兰花花名，那里自然环境恶劣，而马兰花却开得很灿烂，老板就用马兰花的寓意时时提醒自己。马兰拉面的汤很重要，如果料下得重，汤的颜色就发红，喝起来只觉得满嘴都是调料味；如果料下得轻，又体现不出汤的鲜美。最好的汤应该特别烫，但又不能沸腾，等到吃的时候，才慢慢散发出来。哈哈，这篇该放在艺术里。

湖北的掉馅儿烧饼，是一种新式烧饼，它的外形酷似"比萨"，淡黄色的烧饼上面覆盖着一层薄薄的肉馅，绿色的葱花、黑色的芝麻撒落其间。从烤箱里端出来，热气腾腾，香飘四溢，令人食欲大增。轻轻一咬，酥软可口，馅料和面饼因松软还不时撒落屑片，被人们戏称为"掉馅儿"烧饼。

说到湖北小吃，没有人会不知道热干面。相传在一个炎热的夏天，汉口一卖汤面的小贩怕面条变质，就将面煮熟沥水晾干，可不巧碰翻了油壶，麻油浸到面条里。无奈之下，他只好将油与面条搅拌均匀，重新晾干。次日，小贩将面条在沸水中稍烫，沥干后再加入一些调料，顿时香气四溢，引得人们争相购买，小贩则吆喝此面为"热干面"。

再来个传说，关于云南特色美食过桥米线。相传有个书生备考，但因为埋头用功，常常忘记吃妻子送去的饭菜，等到吃的时候往往又凉了，身体日渐消瘦。妻子看了十分心疼，杀了一只肥母鸡，将当地人喜欢吃的米线和其他作料放入，用砂锅熬好后送去，很长时间仍能保温，味道很鲜美，妻子就常常仿此做好送去。后来，书生金榜题名，戏说是吃了妻子的米线才考中的。妻子送饭时要经过一座小桥，所以就叫做过桥米线。过桥米线非常讲究汤鲜、料精，不具备专业水准的厨师是过不了关的。一桌的荤盘素盘先放什么、后放什么程序也很复杂。没吃过桥米线就要先补课，弄懂了再吃，这也是过桥米线的魅力所在。

至于陕西的小吃，在天涯篇中已经详细地勾引过你，在此不赘述。吃我的烤鱿鱼、烤蔬菜、炒饼、烤肉串、烤面筋、烤红薯、油炸臭豆腐、煮玉米、棉花糖、现做的糖葫芦去喽，哥们儿，回见!

8 chapter

贫客玩星球

女士们、先生们！
这里是娱乐现场——
贫客玩儿星球！

Ladies and Gentlemen，这里是娱乐现场，我们正在进行的节目是真心话大冒险，只要你能诚实回答21个问题就可以拿到50万美金！50万啊，50万，卡门，贝比……时间在流逝，一个月过去了，两个月过去了，三个月过去了，炙热的50万成了寂寞的50万，如此丰厚的报酬和看似简单的要求让前来迎战的人铩羽而归。为什么啊，告诉你个小秘密，这就是娱乐，因为娱人所以乐己，你有什么伤心事说出来大家乐乐，说白了就是窥私欲望。我们为什么热衷明星八卦大众娱乐，那玩儿的都是别人的隐私，21个诚实的答案，那是贩卖自己的隐私，那事情就闹大了，破坏家庭和谐？伤害朋友情谊？这还是轻的，重的是人际关系全面崩盘。以陈冠希为例！

所以，我们贫客玩儿星球，不是闲得哪儿疼，不过就是给人性喂饭。不过，喂饭也有技巧，也是一门艺术，玩好了虽不雪中送炭，也可锦上添花。来吧，备备课？

恋情

谁叫你们是明星呢，是公众人物就要接受人们的八卦监督，尽管你们恋爱时偷偷摸摸，被曝光时又躲躲闪闪，结婚时隐隐藏藏，分手时吵吵闹闹，离婚时悲悲惨惨。真是何苦来着，灰姑娘和白马王子or金童玉女也只是传说中的事，让我们把玩儿一番……

玩儿隐婚，华倩恋

刘大天王和朱丽倩的秘密感情经历了不少波澜，先是朱丽倩父亲马来西亚逝世，媒体拍下刘天王现身的照片，随后又曝光二人早已注册结婚的事实。"隐婚"一事令刘天王面临严重的诚信危机，直至写下两篇"认错书"。虽然好事多磨，但刘德华终于为太太朱丽倩正名。各位玩家，我们不玩隐婚，但相信大家都玩过隐恋吧，初中高中时，和某人约会，被班主任抓到……

玩儿榜样，锋芝恋

起初，谢霆锋和张柏芝的爱情是一段不被多少人祝福的恋情。无论是第一次在一起还是复合后，朋友、媒体都不看好！于是第一次，张柏芝因为自己"克"谢霆锋离开了他。复合后，谢霆锋不让她走了。不久，谢霆锋就神速地在浪漫小岛上求婚。"艳照门"风波后，谢霆锋的不离不弃、对张柏芝的关心和爱护使得两人关系更加稳定。如今，已拥有两个儿子的他们，相信会走得更远。这个例子，给我们玩儿家的启示是锦上添花远逊于雪中送炭。

玩儿碰撞，大仔恋

拍摄《流星花园》时他们结缘，不久后周渝民便和大S牵手。外表温顺的两人，同时甩掉原来的恋人，不顾一切地走到一起。其实骨子里，两人个性都属于刚烈一类，对于恋情从不避忌。当害羞男生遇到精灵女孩，经过化学反应后，竟敢在人前甜蜜。谁能不羡慕？遗憾的是，曾被如此看好的一对，最后还是以分手告终。玩家们，这该是应了那句"不是一家人难进一家门"吧。

玩儿捉迷藏，富黛恋

他是乐坛天王，她是内地名模。一个广告让他们一吻定情。不知天王是在意他的身份还是年龄，言语间总是支支吾吾闪烁其词。一切都于那个金马奖之后改变了，当天王荣膺影帝时高兴地默认了恋情。恋爱中的女人总是会越发美丽，特别是像熊名模这样沾染了"王"气的。当她在天王男友的MV里出现，两人的缠绵、眼神间的火辣可是掩饰不了的。玩家们，毋庸置疑，犹抱琵琶半遮面也是一种恋爱气质。

玩儿幸福，杰娜恋

在2009年的一次晚会上，张杰、谢娜深深拥抱，随后二人正式公开恋情。张杰称，一直被偷拍，躲藏着，很累，想要好好保护娜娜。与此同时，谢娜表示恋爱是美好的事。张杰觉得可以和大家分享，希望大家支持他们，每个人的恋爱特别是娱乐圈里的恋爱，是特别不容易的事情，他们都会小心翼翼去保护好。至今，二人感情稳定，互相扶持，事业幸福双丰收。鞋子合不合脚你我不知道，谢娜、张杰知道。玩家们，选双合脚的鞋子把玩幸福吧。

玩儿高调，伟玲恋

梁朝伟和刘嘉玲的恋情经历20年的风风雨雨终于修成正果。尽管如此，媒体还是对他们的甜蜜羡慕嫉妒，拼命爆出点料来离间二人。比如，梁朝伟与张曼玉私会、刘嘉玲与富豪亲密等。但是，面对这些绯闻，二人的回答出奇地一致：绝对相信对方。媒体哑口无言了，这样天造地设的一对鸳鸯，我们玩家朋友就端来板凳好好地观看学习吧，我们只有记笔记的份，然后抽空温习，偷偷模仿。

玩儿低调，蒙面恋

韩寒曾在周立波的访谈节目《一周立波秀》中透露自己有正在交往的长线女友，并坦言有与其结婚的打算。具体这位女友是谁，叫什么名字，韩寒并未透露。但媒体还是搜罗出一名多次和韩寒在一起的女子，名叫金丽华。对此，韩寒始终未有任何表态。真可谓，走自己的路让别人唠叨去吧。我们玩家说，玩自己的，让别人寂寞去吧。

第2章 私生活

明星也是人，明星也有隐私，明星也有私生活，当然也需要性，甚至有过之而无不及，比如那个姓陈的……小生这就带大家一起揭下明星的性生活的秘，假装娱乐学习下。

玩儿性感，钟丽缇

要说钟丽缇，可是很多男人心目中的性感女神。在一次采访中，钟丽缇透露了自己的勾魂之术，其中包括微微张开红唇、舔嘴唇、抛媚眼、用眼神勾魂和用脚趾调情等。钟丽缇说："性是很健康的，是人生活的一部分，可以说是每天都需要。其实，情欲是很美丽的，情欲戏也可以拍得很美、很有意思。"够销魂，妹妹玩儿们多学学吧。

玩儿护身，叶璇

《女人禁区》节目主持人叶璇有一期主持节目，在聊到闺房秘事的话题时，一个嘉宾问起叶璇在性生活方面的习惯，叶璇不但不隐藏，反倒大方地透露自己"办事"前一定要先洗澡。嘿，洗洗更健康。

玩儿性福，蓝心湄

蓝心湄以其性感的身材和挺拔的胸部为豪，引起广大女性嫉妒。要说蓝心湄是如何维持的，那主要就是靠运动，然后就是充分享受完美的性爱生活！蓝心湄透露，一个月里，她至少要有两次十分完美的性爱生活，过程要从头到尾都让人很满意。如果完事后仍觉得很有精神，就会想再来一次。真是应了那句"性爱是女人最好的护肤品"的话。

玩儿保养，小S

关于私密处的保养品广告，对于明星们来说一直比较慎重。唯有小S，不但大胆接下广告代言，还风风火火地介绍私密处保养话题。用她的原话说："自从用了私处面膜及化妆水后，老公对我那里变得爱不释手，常直呼'怎么会嫩成这样'，'保养后那里会有打光效果，老公对待它如同对宝物般'。"这些话令一旁的人尴尬不已又忍不住想笑。不仅如此，小S还曾在电视节目里大曝自己和老公每周做爱4到5次。真是没有丑女人只有懒女人。

玩儿情趣，维多利亚

这位美女就是伟大的足球明星贝克汉姆的娇妻啦。在性生活方面，维多利亚接受杂志访问，自曝隐私："要是和他亲热，我就裸睡。"在旁人惊奇的目光中，继续爆料：自己很享受两人间的闺房之乐，还有，贝克汉姆总喜欢抢她的内衣穿。去吧，逛夜店去。

玩儿心跳，楚瑾

楚瑾，在娱乐圈时，和古天乐、成龙等明星传过绯闻。退出演艺圈后，她在自己出的书中大曝个人隐私，称自己是个十分享受情欲的女人，不论在游泳池还是沙滩或是车上，以及楼梯间甚至厕所啊等等，只要是人能待的地方，都可以作为她和伴侣"打野战"的好场所。还不忘自夸自己对于性爱经验老到，并拥有性爱18招特技，自己的最高纪录是一天可以高潮28次……各位看官傻眼了吧。

背景

虽说明星和我们一样，都是人，但家庭背景和我们80后不一样，存在差异，有显赫有贫困。小生也跟大家一样好奇明星的家庭背景，这就带大家一起来盘点下那些明星的家庭背景，我们不妨唏嘘下。

王菲

王菲不但歌唱得好，她的家庭背景更是好得不得了。其祖父王兆民在20世纪40年代的中国任国民政府立法院立法委员一职，可谓显赫人物。王菲的母亲夏桂影，是文工团里很有名的女高音。可以说，王菲天籁般的嗓音很大程度来自妈妈的遗传。如果王菲让自己的女儿发展歌唱事业，相信也是一个极品好声音。

冯巩

巩哥别看衣服模样滑稽，人家可是民国代总统冯国璋的曾孙子。

刘若英

别看奶茶一介小女生，她的祖父可是黄埔军校一期的刘咏尧，曾任东北"剿总"副总司令兼锦州指挥所主任一职，军衔为国民党陆军上将，后

又先后任国民党政府"国防部代理部长"、国民党中央评议委员等职务。

刘亦菲

因扮演神仙姐姐而一鸣惊人，她的背景像个谜，经过媒体的多重努力，终于挖出家底。她的生父是安少康，曾在武汉大学教法文，现任外交部驻法国一等外交秘书。而继父陈少金，是北京通产投资集团董事长，国家政协委员，中国百富榜排名第27位。

谢霆锋

相信小谢的家境大家都清楚了，父亲谢贤，母亲狄波拉，有这样的父母就足够啦。

郑中基

父亲郑东汉现为百代唱片亚洲区总裁。按理说小郑应该发展音乐事业。但如今的时代，新人辈出，即使有很强硬的后台也不是很好混。好在父亲支持，小郑在影视上发展得不错。

陶喆

老爸陶大伟当年风光一时，影视歌三栖发展，做过编剧，演过戏，唱过歌，做过制作人……儿子当然不会差到哪里去了，还好小喆更努力，超越了父亲，应了那句"长江后浪推前浪"的话。

陈冠希

爸爸陈泽民，香港娱乐界大亨。旗下多家演艺及唱片公司，上市公司骏雷国际有限公司主席。陈冠希身处娱乐圈红得发紫，虽然老爸现在退出娱乐圈，但身边新闻不亚于任何娱乐红人。

看到这里，小生想跟大家说的是：玩儿家们，为自己的不成才找到借口了吧？！

张柏芝

张柏芝年幼时父母离婚，年幼的柏芝随了父亲。柏芝自入行后，便成为家中的经济支柱，不但供车供楼，还要照顾全家上下，生活可谓艰辛，如今的名气可是自己一人拼下的。

张杰

这位靠选秀走红的歌手，他的家庭情况相信大家都知道，不像上面的艺人，张杰可是没有任何背景可谈。母亲在街边卖米线，参加选秀时，张杰可是一人骑着自行车，一路艰辛才来到舞台上的噢。

包小柏

以评委身份做客选秀节目，在内地迅速蹿红的知名音乐人包小柏，相信看过湖南卫视一档关于他的节目《背后的故事》的人，已清楚他的辛酸历程。从小父母离异，十几年未曾和父亲谋面，直至父亲离开人世。从小跟随哥哥包伟铭四处奔波，最难的时候连租房子都困难，难得的上台机会是帮其他歌手暖场，辛苦得要命，却比不上别人露一条腿……

F4

几个帅哥和《流星花园》中角色的家庭情况是天壤之别。要说最好的还数吴建豪，但也好不到哪里去。只身一人到处奔波，历尽千辛万苦。而周渝民和朱孝天均是出生在普通得不能再普通的家庭。老大言承旭就更惨了，单亲家庭，辛苦程度大家可想而知。

看到这里，小生想和大家说的是：玩儿家们，借口还是不成立啊，奋斗吧。

历程

下面，我们来唠唠一些大家喜欢的明星，关于他们的奋斗史，了解下他们未红时的磨难，以鼓励下我们自己吧。

以周星驰为例，普通的娱乐玩儿家们往往关心星爷香港山顶的物业市值多少、他的身家总值多少、绯闻女友有多少。而真正的贫客玩儿家们会问他在未红之前的奋斗心态，知道一个成功人士是怎样熬到这一步，就可以参考、偷师他的成功之道。

每一个苹果都有未红时，艺人也是如此，周星驰在成为喜剧之王前自然也不例外。

那个时候，周星驰只要能获得一句对白甚至一次露脸的机会就已很满足。

有次拍摄，他很努力地演说唯一的一句对白，由于缺乏经验，再加上他对自己的苛刻要求，他总觉得自己做得不够好。但对一个微不足道的小配角，导演几乎连镜头都不看。由于急着电视制作，导演根本不愿花时间让小配角多拍几个镜头在后期制作时备用。

直到收工，左右人员都已离开，就剩下周星驰一人时，他还在反思自己刚才的表演，他觉得自己的表演不够完美，他为刚才的那句对白没能表演得更好而难过。

第二天，周星驰一大早就来到电视台等助理导演，为了那一句没人在乎的对白。等了好久，助理导演终于来了！各位贫客看官朋友要注意啦，周星驰不是要求给他一次重拍的机会，而是要求助导跟导演说说，将他那个镜头剪掉！这就是周星驰，不好的东西就不要公之于众，不为出镜而出镜，自古以来又有多少艺人明白这个道理呢？

再说说舒淇，舒淇的童年阶段令她不堪回首，小时候家里比较穷，一家人很少能吃到一顿稍微奢侈点的大餐。父母未曾给过她任何零花钱，她也无法像别的小朋友那样花钱买东西。在舒淇的记忆中，小的时候妈妈常常拿着棒子，追着她满街打，感觉不到什么温暖。还好，舒淇还有个弟弟，只有和弟弟在一起，才能感觉到温暖。

那时候，舒淇开始变得叛逆，对父母的教育方式极为不满。她开始频繁地离家出走，几年间，离家出走十多次。在她16岁那年，见识了外面的世界后，她才突然明白过来，其实父母很爱她，也只有父母才最关心自己。于是，舒淇不再离家出走。

贫客怎么玩

146

后来，舒淇从台湾到香港发展，被王晶导演发掘，并出演了三级片《红灯区》、《玉蒲团之玉女心经》等，自此一脱成名。后来，又受导演尔冬升邀请，参演了其作品《色情男女》。电影节上，舒淇获得香港电影金像奖最佳女配角、最佳新人两项大奖，成为香港电影史上唯一一位拍三级片获此殊荣的女星。

再后来，从《风云》、《玻璃樽》到《美人草》、《夕阳天使》再到如今的《游龙戏凤》、《非诚勿扰》、《精武风云·陈真》，舒淇彻底摆脱了"脱星"称号，成为一名演技派国际巨星。舒淇是由三级片演员成功转型的典范，比正常艺人承受得更多，个中滋味大家可想而知。

然后，周杰伦。出生于台北，父亲周耀中，物理教师，母亲叶惠美，美术教师。在周杰伦14岁时，父母离婚，杰伦跟随母亲长大。小时候，他个性怪僻，对音乐却有着浓厚的兴趣。3岁时，他就开始学钢琴。后来，他的音乐启蒙老师戴国瑛将他推荐给一个资深钢琴教授甘博文。就这样，杰伦学习了10年。后来父母离异，钢琴便放下了。16岁时，杰伦开始尝试作曲。

1996年高中毕业后，周杰伦在一家餐馆做了服务生。1997年，杰伦参加了当地的一家电视台《超级新人王》的娱乐节目。遗憾的是，这次表演并不是很顺利。但意外的是，吴宗宪发现了他。

后来，周杰伦陆陆续续写出了很多好歌，但并没有得到赏识。1998年，吴宗宪将他的《眼泪知道》推荐给天王刘德华，刘德华拒绝了；之后，将《双截棍》推荐给张惠妹，也遭到同样的待遇。两次被拒绝后，吴宗宪决定让杰伦自谱自唱，他们约定10天时间之内，如果周杰伦能写出50首歌，而自己能从中选出10首，就出唱片。

10天，50首，且首首漂亮。经过大半年的精心制作，周杰伦的第一张专辑——《Jay》出炉，这才有了周天王的诞生。

篇幅有限，就再唠唠经常让我们笑趴下的农民艺术家本山大叔吧。

赵老师是个孤儿，读书的时候很淘气。那个时候，他并没觉得孤儿有什么不好，反倒觉得没有父母也不错，老师家访找不着人。6岁后，本山跟着二叔学艺，拉二胡、唱三弦。二叔是个盲人，盲人的心思重，耳朵很灵敏，每次都是二叔听旋律他看舞台表演。

1986年他到了铁岭剧团。最早，他和潘长江在沈阳一起演二人转《大观灯》，连续演出200多场。这么轰动，别的剧团当然看不过，好几百盲人堵在剧场门口砸场子，要挖赵本山眼珠子。

再后来，赵本山遇到自己的伯乐姜昆。当时的情形是这样的，姜昆、邹友开、李双江三人在铁岭见了赵本山，要他再表演一个节目看看。没想到，赵本山却说我给你们三张票到体育馆看吧，那里效果好。三人拿了票后很生气，扭头就回北京了。经人点拨，本山才知道自己得罪人了。后来，邹还是把他召到了北京，但只是打酱油。有趣的是，有一年剧团让他带着十瓶茅台酒送礼，本山带着10瓶酒在宾馆一天喝一瓶，正好到了第十天被通知回家。

这样年年折腾，4年过去了，直到1990年，赵本山以小品《相亲》正式亮相春晚，之后连续三年拿到节目一等奖，这才有了家喻户晓的赵本山以及他的徒弟们。

通过对明星的坎坷历程把玩了解，玩家们是否读到了一股拼劲？因此，有什么喜欢玩的，拼命去玩吧，我们玩的不是寂寞，而是在为自己的理想打根基。

5 推手

聊聊呗，就像朋友那样，你晚上到我家吧，顺便签个独家协议，我给你好好推推。嘿嘿，开玩笑的，严肃点，谈正事。

在明星身边有这样一群人，绝对而言应该是一撮人。他们对于大众是陌生的，他们在新闻发布会上扮演着"挡箭牌"的角色，与明星如影随形，他们左右着明星的立场，掌控着明星的前途。在追星族眼中，他们是幸福的，因为他们距离明星最近；在公众眼中，他们是神秘的，因为他们生活在光环背后，他们被人们称为——明星经纪人。

先有千里马还是先有伯乐就和鸡生蛋蛋孵鸡一样说不清，但千里马与伯乐、鸡和蛋的依存关系不得不正视，这也为我们贫客玩家开了一课，如何把眼睛擦亮，在以后的康庄大道上少走弯路。

先举个最明显的例子，拿《还珠格格》来说，三位女演员，赵薇、林心如、范冰冰，林心如星途逐渐下滑，赵薇平稳中充满坎坷，倒是当年戏份不多的"金锁"范冰冰现在如日中天。

对于三个人事业的发展，业内人士普遍认为跟经纪人有着很大的关系。范冰冰的走红与她的经纪人王京花的倾力打造有关。金牌推手王京花旗下有一专业团队，负责范冰冰的包装和推广，帮助她接电影、广告等，并想方设法通过新闻炒作，提高曝光率。当年，冰冰能够出演冯小刚电影《手机》，就是因为强大的经纪公司，之后一跃升至一线演员位置。而当时最红的小燕子赵薇，背后只有嫂子陈蓉单枪匹马。几年前，赵薇接连出演《绿茶》、《玉观音》等影视剧，反响较差，还险些被封 "票房毒药"的绰号，与背后经纪人不够专业不无关系。

明星与经纪人的关系不乏亲如家人的，比如王菲和陈家瑛。王菲当年只身赴香港发展投奔陈家瑛，陈家瑛一手把王菲打造成乐坛天后。娱乐圈内一直有传闻，说陈家瑛当年力主王菲和窦唯离婚，直接避免王菲事业下滑。但在王菲嫁给李亚鹏后，她又站出来帮王菲说话。陈家瑛曾经评价王菲说，王菲不是嘴甜的人，但她能用一年的时间帮你寻找一款心爱的包，你就知道你在她心里有位置，只是她不说。

再比如容祖儿，她从当年一个"丑小鸭"的形象华丽转身成香港新天后，同英皇经纪人霍汶希密切相关。因此，在容祖儿生日的时候，她不但把母亲请上台，更邀请霍汶希，并称她为"工作上的母亲"。

艺人和经纪人之间的关系很复杂，有相濡以沫的，也有反目成仇的，比如黄圣依和星辉、F4言承旭与柴智屏、蔡依林与前经纪人、陈楚生与天娱……

小生突然想起了孟母三迁的故事……不靠谱不靠谱，还是让我们的大明星章子怡发言吧。章子怡初出道时，亲哥哥担任她的经纪人，因为章子怡口无遮拦，在媒体中口碑并不好。后来，换成新加坡一个著名经纪人后，章子怡逐渐打开了进军好莱坞的道路。更重要的是，以国际影星姿态出现的她受到很多国际名牌的青睐。同样，李亚鹏的前经纪人也是哥哥李亚伟，当时在处理"鹏迅分手"、"鹏菲恋"等事件时完全没有能力遏止流言扩散。后李亚鹏将经纪人换成了现在的马葭，马在处理其女"兔唇"事件时，就明显棋高一招。

小生要说什么，贫客玩家们略知一二了吧，回头瞅瞅你旁边都是些什么人，不行就学学孟母吧，怎么又孟母了？回见。

9 chapter

贫客玩恶搞

恶搞，这大家都熟。如今，幽默成为人类硬件的必备元素之一。你具备点儿恶搞能力，也就多了把混世的板斧。那些愚蠢的、荒诞的，甚至是名流的族群，在我们的维度里，他们就是戏台上那个丑角。

恶搞这伙计大家都熟，譬如那个馒头，譬如那个鸟笼，譬如那个什么花体诗，譬如什么姐，什么弟的。互联网是母体，遍地撒下不少蒲公英种子，恶搞就是其中一枚。它以貌似轻率实则智慧的姿势席卷大众的眼球，嬉笑怒骂于弹指神功间。如今，幽默已成为人类硬件的必备元素之一，你具备点恶搞的能力，也就多了把混世的板斧。且林子大了啥鸟都有，供你恶搞的题材也如滔滔江水连绵不绝，那些愚蠢的、荒诞的，甚至是名流的族群，在我们的维度里就是戏台上那个丑角。韩寒说贵族算个屁，我们说，你丫的是谁，你丫的算个屁。

但如何能恶搞而不被恶搞，这又是个技术活。要永远被模仿，从未被超越才是境界，不要吃别人嚼过的馍是原则。反之，不客气地说，你被搞了。开始吧，恶搞是恶搞者的通行证，反对是反对者的恐"高"症。

恶搞文化，又称作Kuso文化，是一种经典的网上次文化。

恶搞，即不严肃到极点。原来是西装革履，恶搞后，是上穿西装下穿带洞的裤衩。

既然宣布要恶搞，就要拿出点东西来，否则只有被恶搞的份。像小生的某位网友在各大论坛和QQ群里到处发帖子，以为自己恶搞天赋卓群，弄一则自以为很恶搞的笑话到处发帖，帖子内容是：一女因胸部小而一直找不到男朋友，一日相亲，女据实告知对象，对象问：有馒头大吗？女答：有。遂交往，新婚夜，男子冲出新房仰天长啸：旺仔小馒头。发布一则小笑话，祝大家天天笑口常开。

此帖一经发布，引得骂声片片，拿出10年前都被说烂的笑话，还觉得超新鲜到处炫耀，你已经不是在恶搞，而是在被恶搞了。建议此兄台去旧货书店买几本教材，报自考去吧，弄个文凭随便找个工作算了。

要玩，就玩点料猛的，先从影视说起。

1 恶搞影视

这是个一切皆可恶搞的世界，只要你愿意，就没有不能恶搞的，不分先后，同一件事，不同的人就可搞出不同的花样。举例来说，我国经典名著《西游记》，被刘镇伟数次恶搞，比如《大话西游》，比如《情癫大圣》、《越光宝盒》。我们80后生得太晚，现在再搞是不是没新意了？错，换个角度，依然可以将恶搞进行到底。

小生你们都知道吧，标准纯爷们，不幸却做了一本女性杂志编辑的工作，真名很威武，笔名却伪娘地叫花奴。不过，先不要急着笑，小生并没因此而消沉，反倒活得潇洒自在。喜欢恶搞，就将恶搞进行到底，在杂志编辑部故事栏目进行了一番史上极尽智慧之能般恶搞，其恶搞功力深厚，且国内独家，在女性期刊界可谓泰山北斗，被誉为时尚女性情感杂志圈最具号召力编辑，也因其搞笑之能，被国内广大读者所推崇，赢得粉丝千千万万芳心……

就在《西游记》被刘镇伟《大话西游》狠狠地恶搞后，《大话西游》正沾沾自喜时，冷不防自己也把自己恶搞了。奉上一段观赏。

《大话西游》原版：

男子：看来我不应该来！

女子：现在才知道，太晚了！

男子：留下点回忆行不行？

女子：我不要回忆！要的话留下你的人！

男子：这样子只得到我的肉体，并不能得到我的灵魂。我已经有爱人了，我们不会有结果。你让我走吧！

女子：好！我让你走。不过临走前你要亲我一下！

众旁观者：亲一下……亲啊……

男子：我再怎么说也是个夕阳武士，你叫我亲我就亲，那我的形象不是全毁了！

女子：你说谎！你不敢亲我，因为你还喜欢我。我告诉你，如果这次你拒绝我的话，你会后悔一辈子的！

男子：后悔我也不会亲！只能怪相逢恨晚，造物弄人啊！

贫客怎么玩
154

编辑部版：

情景前提：编辑部传红尘要追求花奴，花奴不信，前往一探究竟，结果……

花奴：看来是真的！

红尘：现在知道了，还不晚。你就从了我吧！

花奴：大家做同事行不行？

红尘：我不要做同事！要做就做恋人！

花奴：强扭的瓜不甜，强制性的恋爱不快乐！我只想好好编稿子，不想谈恋爱。你放弃我吧！

红尘：好！我放弃你。不过放弃你之前你要亲我一下！

门外围观众编辑：亲她……亲啊……再不亲，我上来亲啦……

花奴：我再怎么说也是个编辑，你叫我亲我就亲，那我的尊严不是扫地了！

红尘：你撒谎！你不敢亲我，因为你暗恋我。我警告你，如果这次你退缩的话，你会遗憾终生的！

花奴：遗憾我也不亲！只能怪我心已静，无心恋爱啊！

看到了吧，玩家朋友们，同样的经典，换成不同的人，说出不同行业的话，恶搞效果立马出来。还发什么呆，和大学几个好友或者宿舍几个兄弟姐妹，一同改改台词，恶搞下，开心开心。

不过瘾的话，再说《疯狂的石头》，这部电影相信大家都看过，因为其黑色幽默的恶搞风格，让宁浩导演红遍大江南北，也在当年暑期档成为小成本电影里最卖座影片，一时轰动全国，全城尽在讨论石头。奉上一段恶搞片段，供贫客玩家们赏析。

《疯狂的石头》原版：

情景前提：缆车内，一时尚美女、谢小萌、众乘客。

谢小萌：老天对我太不公平了，我天天坐索道过江，居然从来没有看见过你。也许是我太关注这个城市的风景了，谁叫我是摄影师呢。噢，我叫谢小萌，叫我查尔斯好了。每当我从这个角度看这个城市的时候，我就强烈地感觉到，城市是母体，而我们是生活在她的子宫里面。

旁观者：流氓！

谢小萌：刚才我正在想这个问题的时候，我突然一抬头就看见了你。你身上有一种东西深深地打动了我，你知道这是什么吗？母性，伟大的母性气息。

（美女突然用高跟鞋狠踩谢小萌的脚）

编辑部版：

情景前提： 读者服务部宋女士来到编辑部办公室。

花奴：上天对我太残忍了，我们一个单位办公，居然没发现原来你这么好看。也许是我太专注于编稿子了，谁叫我是编辑呢。噢，我是花奴，叫我花花公子好了。每当我翻开《俪人》杂志细细品读的时候，我就强烈地感觉到，《俪人》是怀孕的母亲，而我们就是她肚子里的稿子。

众旁观编辑：流氓！

贫客怎么玩
156

花奴：刚才我正编稿子的时候，我突然一抬头就看见了你。你身上散发的一种香味深深吸引了我，你知道是什么香味吗？豆腐，我最爱吃的臭豆腐。

（宋女士撩起杂志砸向花奴）

看到这，相信各路玩家朋友们已经明白如何来恶搞影视，只需换个角度，效果立竿见影。当然，以上只是恶搞影视剧的文字表现形式。如果你会用Adobe Premiere Pro视频编辑软件，那就可以用视频的表现形式对影视作品进行一番狂轰滥炸。如果不会用或者条件不允许，那就用文字来玩玩也是妙趣横生的噢。

2. 恶搞广告

只见过恶搞电影和电视剧的，从没见过恶搞广告的啊，广告也能恶搞吗？废话，当然能。

去网上搜下优乐美，就会出现并非周董、江语晨主演的，换成了各色80后表演一族，同样的台词不同的人说出来就是不同的效果，周董演绎出来就是浪漫温馨，隔壁班的李国柱同学演绎出来只能让人喷饭。

当然，玩家们觉得仅此还不过瘾的话，那就再来点狠的，小生这就奉上几段。

优乐美广告原版：

江语晨：我，是你的什么？

周杰伦：你是我的优乐美。

江语晨：啊……原来我是奶茶啊？

周杰伦：这样，我就可以把你捧在手心里了。

恶搞版：

女：我，是你的什么？

男：你是我的王守义。

女：啊……原来我是十三香啊！

男：这样，奶茶喝起来味道就浓了。

女：我，是你的什么？

男：你是我的妇炎洁。

女：啊……原来我是洗液啊！

男：这样，我洗洗就更健康了。

女：我，是你的什么？

男：你是我的王老吉。

女：啊……原来我是凉茶啊！

男：这样，我就可以用你来泻火了。

女：我，是你的什么？

男：你是我的苏菲。

女：啊……原来我是卫生巾啊！

男：这样，我就可以用你保护自己了。

原来唯美，现在一反传统。只要足够反，你的恶搞就足够成功，两者是成正比的。玩家朋友，还犹豫什么，动手去搞吧。恶搞，一切皆有可能！

3 恶搞音乐

钢精锅，还有铝锅和铁锅，就是没有高压锅、平底锅、电饭锅，还有那火锅和沙锅……哎哟，大街上正走着，还以为哪位路边艺人在唱

beyond的《海阔天空》，停下细细一看，原来是卖锅的。

卖锅的都改编名曲来叫卖了，且说锅的质量和旁边家的没什么两样，但人家唱着歌吆喝，生意就是比旁边的好。锅是一样的锅，用心却不同。这年头，只要看准了，用心了，就能出位。

几年前，我们都听过《老鼠爱大米》、《2002年的第一场雪》，但相信大多数人没听过《老鼠恨猫咪》、《2002到2008都在下雪》，或者是《李雷和韩梅梅之歌》。如果没有，那你真的是非常之OUT。小生认为，你不是地球人，你来自火星。

恶搞音乐是什么玩意儿？其实就是拿常规音乐或者正统文化开涮。用调侃、嘲讽、游戏或致敬的心态对我们喜欢或不喜欢的歌曲加以解构。要想恶搞出一番成绩，就要勇于当怪人。不论你是用弱智、自闭，还是神经等方式都没关系，只要你勇于变化，愿意风格多样化，足够让人摸不着头脑，勇于自我牺牲，不理会任何批评家，那你就离成功很近了。

音乐每个人都离不开，恶搞音乐就是个好玩的事情。在我们玩累了或者工作累了时，来这么一下，既很好地休息了神经舒缓了心情，又展现了自己的才华。说不定，一下子就像徐誉滕那样红啦。下面给大家奉上一段80后徐誉滕的恶搞名曲《李雷和韩梅梅之歌》歌词。

李雷和韩梅梅之歌

作者：徐誉滕

一切从那本英语书开始的

那书中的男孩Li Lei

身边的女孩名叫Han Meimei

还有Jim Lily和Lucy

Kate Lin Tao和Uncle Wang

一只会说话的鹦鹉叫Polly它到处飞

好多年没有再一次翻开它

但那一段说的谁和谁

偶尔还能细细回味

书中他们的喜与悲

书外身后的是与非

还有隐隐约约和我

一起长大的小暧昧

贫客怎么玩

160

后来听说Li Lei和Han Meimei

谁也未能牵着谁的手

Lucy回国Lily去了上海

身边还有了那么多男朋友

Jim做了汽车公司经理

娶了中国太太衣食无忧

Lin Tao当了警察

Uncle Wang他去年退了休

有点遗憾Li Lei和Han Meimei

谁也未能牵着谁的手

一样的是我们都有了个

当初不曾遥想的以后

还好Polly它还活着

就像我们当年的小美好

他永远都不会老

在心底不会飞走

哎哟，不错噢，还在犹豫什么，找首自己喜欢的歌，也来跟哥一起恶搞啊，搞出品位和格调来。人家小沈阳都说了，不要疯狂地迷他，他只是一个传说。那么，我们贫客们就迷恋自己吧，把自己也搞成传说。

4 恶搞名人

不要以为名人离我们贫客一族很远，其实他离我们很近。我们可以信手拈来，对其进行一番狠命恶搞。恶搞别人，让自己开心去吧。小生先奉上几个觉得不错的网上恶搞历史名人版本。嘿，要问为什么搞历史名人？答案是，他们已经死去，想怎么搞他们就怎么搞，反正没人管。先搞下老唐。

版本1：值得现在官员学习的模范。

他是副厅级巡视员，跟国家领导人有亲戚关系，去西方考察访问，他只带3个随从，从来不用警车开道，也不用公款吃喝，有时甚至要去讨饭。3个随从觉得太清苦，时常闹着要辞职。他在西方考察多年，见过多位外国元首，成绩很大，回国后也没要求升官，一辈子教书育人，死后没留下任何财产。他，长相英俊，却从没乱搞男女关系，感情清白一片。他就是久经考验的忠诚的无产阶级战士、我国卓越的外交家和政治工作者、我国经济战线杰出的领导者，中国心理学开拓者之一，国家思想建设总体蓝图的重要设计者，中国宗教领域卓越领导人，中国人民的忠实儿子，中国人民的优秀代表，伟大的无产阶级政治家、军事家和外交家——唐僧。

版本2：唐僧的家书。

亲爱的悟空，我这封信写得很慢，因为知道你看字不快。

我们已经搬家了，不过地址没改，因为搬家的时候把门牌带来了。

这礼拜下了两次雨，第一次下3天，第二次下4天。

昨天我们去买比萨，店员问我要切成8片还是12片，我说8片就成了，12片吃不完。

我给你寄去一件外套，怕邮寄时超重，把扣子剪下来放口袋里了。

嫦娥生了，因为不知道是男是女，所以不知道你是该当舅舅还是阿姨。

最后告诉你本来想给你寄钱，可是信封已经封上了。

情人节快到了，别忘了给孩子们讲讲很久很久很久以前的事：那时候天还是蓝的，水也是绿的，庄稼是长在地里的，猪肉是可以放心吃的，耗子还是怕猫的，法庭是讲理的，结婚是先谈恋爱的，理发店是只管理发的，药是可以治病的，医生是救死扶伤的，拍电影是不需要陪导演睡觉的，照相是要穿衣服的，欠钱是要还的，孩子的爸爸是明确的，卖狗肉是不能挂羊头的，结婚了是不能泡MM的，买东西是要付钱的，看完不笑出声来是要被打屁股的……

版本1中，作者故弄玄虚，铆足了劲，一直严肃，只在最后一刻，才宣布恶搞成功。版本2，延续《大话西游》老唐啰唆的风格，在其基础上有一个飞跃，再次提升到一个高度，令人望尘莫及，恶搞成功，100分。

这仅是恶搞的冰山一角。还有恶搞经典名著，颠覆原有的人物形象。任何恶搞只要做够一点已经足矣，比如那个胡戈大侠的《一个馒头引发的血案》就是采用此法，一举成名，也被坊间称为恶搞界鼻祖。紧随其后，一批跟风之作也应运而生，像什么《春运帝国》，还有恶搞《功夫》、《艳照门》啦，充其量也只是当下那几个声称反对韩寒《独唱团》的80后作家的小杂毛们，百度半个小时才能找到一点信息的主，可以忽略不计。要搞就得搞出自己的特色、自己的风格，有实力，那才行，那才叫咱们贫客朋友的恶搞。

5 恶搞语录

不要迷恋哥，哥只是一个传说。民国时候说的话啦，玩点新的。不要迷恋哥，嫂子会揍你。要恶搞名言警句，就要与时俱进，立足当下，展望未来，预测时代发展，狠命往歪了整，让人把脚后跟和脑袋挤在一起也意想不到。能做到这样，你就成功了。

如今网络横行的年代，每个人的博客空间都存有一堆恶搞经典语录，不停地更新着，让人目不暇接。稍一犹豫，你就可能被OUT。不要像某些兄台，到处拿些"山顶洞人"的语汇在现在说。遇到这种人，你可以告诉他，他不是在恶搞名言，是名言在恶搞他。

小生把自认为不错的恶搞国足的段子，精挑细选几段给各位看官赏析。

中国队要是能进球，我就倒着转！——地球说

中国队要是能进球，我就从西边出来！——太阳说

中国队要是能进球，我就去给猫当伴娘！——耗子说

中国队要是能进球，我就再爆炸一次！——宇宙说

看到了吧，这招恶搞采用的技巧是，挑选一件大众最关心的事，然后对其进行前无古人后无来者的挖苦嘲笑。快去试试吧，梅西啊，C罗啊，老马啊，都等着你用呢。

6. 恶搞照片

PS在当下已颇为流行，相信很多人都会使用Photoshop软件，图片合成是这里面的一个环节，没事对一些照片进行整容或者改头换面。一下就来个偷天换日法，对人物头像进行恶搞。

PS最常用的恶搞手法就是人物换头，网上疯传的很多搞笑图片都出自这一手法。想要在恶搞照片界达到"小胖"那种地位，学会换头像是各位眼下最重要的一步。只要利用Photoshop里的套索工具为人物换下头或者脸部即可，十分简单。下面我们一起来操作。

首先打开Photoshop软件，然后从中打开所要恶搞的照片，在工具栏中选择"多边形套索工具"，围绕人物的脸部绘制一个选区，勾选出来，复制，然后回到身体照片中，将刚才复制的头部粘贴到一个新的图层。

接下来这一步就是融合所要变换的部位，点击菜单中的"编辑→自由变换"命令，粘贴后的头像周围就会出现调节命令。按照底部的半身照片和头部角度对图像进行变换，让头像的位置和大小调节到和身体结构对称，然后按回车键确认变换。

接着，就是按住Ctrl键单击"图层1"，调出浮动选区，在"图层"面板中单击"添加矢量蒙版"，这样就为头部图形添加一个图层蒙版。在工具栏中找到"画笔工具"，设置画笔硬度和主直径。然后，把前景色设置为黑色，在蒙版上进行修饰，以达到合成元素和原始图像更加融合的目的。

再接着，利用"多边形套索工具"勾选出人的脸部区域，然后选择菜单中的"图像"→"调整"→"匹配颜色"命令。这时，会弹出一个匹配颜色对话框，将"源"设置成要合成的照片，图层为"背景"图层，单击"确定"完成颜色匹配。

最后，再利用"画笔工具"在"图层1"的蒙版中做下修饰，一幅恶搞作品便新鲜出炉。当然，为了让恶搞的照片更有创意，还有很多种方法。这里只简单介绍一点，更繁杂的技巧可详细学习PS软件。让我们一起动手，将恶搞照片进行到底吧！把你朋友电脑里存的艳照门照片拷走几张，用你朋友的头像换到冠希哥哥身上，然后严肃地发给他看看，问问他怎么和某某也有一腿？让他汗去吧。

第7节 恶搞QQ

是个80后，就会有QQ的吧。虽然你的QQ级别可能比小生的要高好多，但一些恶搞QQ技巧，你是否都知道？这里小生就介绍一些用QQ恶搞的技巧，抛砖引玉下，各位看官看了后可别去做坏事噢。

首先先说一个最简单的，在QQ上，有时明明对方在线，但你跟他发了N条信息后，那边仍毫无反应，怎么办？那么我们就点击"邀请对方语音视频聊天"，或"发送文件给对方"，这时对方的QQ窗口会自动跳出来，哈哈！

还有，当你和女友或男友吵架后，对方头像变黑，这时你想知对方是隐身还是下线，该怎么办呢？依然点击"邀请对方语音视频聊天"或"发送文件给好友"。这时，不管对方是接受还是拒绝，都表示他在线，你的窗口会有提示。嘿嘿。

如此说来，姑娘小姐们生气了，不想理某人，还不能假装下线了？难道就无计可施了吗？当然有对策啦，如果小生是你，隐身后，遇到对方邀请时，不关闭那个窗口，直接让QQ下线，然后再关闭那个窗口，这时你的举动就不会反映到对方的窗口了。然后再隐身上线就是了，让对方自作聪明地痴痴等待去吧，哈，呆瓜。

再说下，如何让自己的留言第一时间出现在对方眼前。哼，咱们贫客一族，绝对是自恋一族。这个愿望很好实现，在留言之前，给对方一个视

贫客怎么玩

166

频聊天请求，再取消，接着留言文字即可。这样一来，对方启动QQ，自己会跳出来。

最后小生再教各位一招阴的。对方将我们拖到黑名单了，我们怎么办？只要在"系统消息"中找到他向你发送请求的那条命令，按"通过验证"按钮，就再次把彼此加回到好友名单了，这样即便他在好友名单中将你拉黑，大家也不用惊慌，我们可以再次使用此法。小样的，想要将我等拒之门外是不可能的，你就乖乖地从了老衲吧。

各位看官，下次登上QQ后，找个理由跟某人吵个架，然后试试这些技巧去吧。

8 恶搞历史

诸葛亮是个帅哥……百家讲坛易中天一贯的授课风格，当接受采访时，易老大理直气壮地说，史书记载：诸葛亮身高八尺，容貌甚伟，不叫帅哥叫什么，难道叫伟哥啊？易老大用现代流行语来讲述古代事迹颇为成功，人家大叔都在玩恶搞历史，我们80后绝不服输，来点更潮的，更雷人的。

小生这就送上在自己编杂志时，收到的部分作者投稿关于恶搞历史的文字。大家看下怎么运用现代词汇讲述历史人物、历史事件，姑且学习之。

题目：走小三的路，让小三无路可走。

无疑，李清照是个聪明的女人，不然她怎么能写出那么多脍炙人口的诗词？不过，作为一个女人，李清照最聪明的地方绝对不是写诗，而是她对待老公的办法。李清照结婚之后，走的就是小三路线。

桀骜：在父亲和公公因政见不合，公公打算弹劾李清照父亲的时候，李清照不顾规矩礼教，直接闯进公公的书房，和公公谈论政事，公然对公公说：炙手可热心可寒，写诗给公公要他顾及人间父子情。在她身上，完全不具备一个规矩隐忍的家庭主妇的特点。倒是蕴含一层桀骜，该说的，就说，并且敢。

风雅：赵明诚遭遇抄家后，官也免了，就带着李清照到青州居住。青州是个小地方，加之家道中落，李清照不可避免地要承担一个家庭主妇的琐碎家务。但她没有变成唠叨婆，也没有变成水桶腰。我们看看青州十年，李清照都在做什么。她没事和赵明诚比学问，互相考典籍出处，谁输了，就饮茶认罚。瞧瞧，多么风雅，虽然有点小儿科。但那些被小三们苦苦折磨的原配们要好好想想了，你在拼命将家里收拾得一尘不染，却皱纹叠加的时候，男人是不是正和小三头并头玩一款游戏？别认为那有多弱智，人家玩的不是游戏，那是爱情。

贫客怎么玩

168

喝酒：女人在宋朝是很没有地位的，不但穿衣服要将衣服扣子扣到脖子上，即便老公是禽兽，想要离开他都必须先坐两年牢。更别说喝酒猜拳了，那是绝对不允许的。李清照是大家闺秀，但她完全不吃这一套：常记溪亭日暮，沉醉不知归路；正是伤春时节，酒阑歌罢玉樽空，青缸暗明灭；雨疏风急，花儿零落，怎能无酒……她不仅喝酒，还敢豪饮。

风情：第一次见赵明诚的时候，李清照已经做足了情调，只是那一回首，装作嗅青梅却飞过来的眼风，已经把赵明诚给电晕了。再到新婚早晨，她娇羞着吟诗：昨夜雨疏风骤，浓睡不消残酒。试问卷帘人，却道海棠依旧。知否？知否？应是绿肥红瘦！更是将个老公牢牢黏住。

情调：赵明诚去外地做官，李清照一个人在家没意思，又怕男人管不住裤裆这点事，干什么呢，就写情诗：花自飘零水自流；莫道不销魂，帘卷西风，人比黄花瘦。人都比黄花瘦了，男人的心肝都跟着颤，思念还来不及，哪有时间去想别人。

在这样一个老婆的领导下，赵明诚在外地做官的时候，虽然也曾找女人养着，却终究不成气候。

杨玉环的老公都能移情，晾着绝色的美人儿，找梅妃侍寝。李清照的丈夫也肯定会不安分。在那个社会，文人狎妓、养小妾，是很风流有面子的事，赵明诚自然不会为了一个老婆形单影只，更何况，他一直在外地做官，又风流有才华，身边自然少不了女人。

可是，赵明诚一生最爱，一直是李清照。

走小三路线，让小三无路可走，这正是原配们的不二法则。

题目：西门庆的冤枉。

西门庆风流成性，娶的老婆们也很漂亮。他不是公务员，也不是什么大商人，好像也看不出有多大的家业。平常就是弄几个铺面，开店经营点吃穿用度的商品；还有个职业就是搞搞长途运输；他最重要的生财手段就是偷税漏税。

这样一个西门庆，不但娶了众多风情美貌的老婆，个个穿金戴银吃香喝辣，还置了好几套房产。

第一处：门面房，是一套两间两层，大小四间的楼房，应该是一处院子。书上说房子质量中等，布局中等，一共价值35两银子，折合人民币7000元。这还是带产权的房子。算一下，这所房子每平米大概是200元。

第二处：第一处房子相对便宜，可能是地段不太好。地段好，价钱肯定要贵一些。西门庆娶伙计韩道国的妻子王六儿的时候，又花120两在狮子街的繁华地段买了两间门面房，一共四层，给新老婆住。而这处房产，折合人民币大约是每平米300元。有产权。

不带产权的房子就更便宜了，不信看武大郎娶潘美人的时候典得的一处房子：凑了数十两银子，典得县衙前上下两层房屋居住。根据书上的描述，可以看出这处房屋是个小小的院落，第一层住人，第二层做饭，当客厅。潘美人就是在这所房子的第二层上面，用"叉竿"砸到了西门庆的头，从而砸出一段孽缘。此为后话，不表。

贫客怎么玩

170

典，有别于租，这些房，是可以长期住下去的，省了每月交房租的麻烦。

如此低廉的房价，让西门庆有了足够的金钱和时间去搞女人，因为他没有什么经济压力，也不必为房子发愁。如果让他花半辈子的钱贷一所房子，每天当牛做马也要还20年，估计王六儿、潘金莲等大小美人，根本就不会考虑他。不过话说回来，就算潘美人王六儿看得上他，西门庆也未必敢招惹，他总不能一个美人划一平米，大家站着快活吧！

可见，虽然西门庆很色，那也是需要经济基础的。搁在今天，这样的小商人娶几个老婆或许还能活命，但要想一个老婆买一处房子安身，简直就是天方夜谭。西门庆生在这个时代，也许，就是城市中奔波忙碌的一份子，赚钱，还贷，在这个怪圈里循环往复，一生倏忽过眼，他想遗臭万年，还真没有机会。

所以，在一定程度上，单纯地把西门庆归于千古淫贼，他是很冤枉的。

狠命地用最新最潮的词语来诠释历史吧，像宁财神那样，《武林外传》里可以讲英语，可以唱杨坤的歌，可以出现摄像机、手机等，五花八门，用最现代的潮语，讲述最历史的历史，一切尽在恶搞历史。当崔莺莺见张生八抬大轿迎娶她时，她被张生这一新潮举动雷到了，她的表情很囧……往下看去吧，各位看官们。

关于恶搞，还有很多内容等待大家挖掘，小生先行告退。贫客好友们，你们继续，小生下章等你。

10 chapter

贫客玩小宠

如今，养狗不再为看门，养猫
不再为捉鼠，养猪不再为吃
肉，有它也许不孤寂、不无
聊、不压抑、不失落、不被
欺凌、不被奴役，有安慰、
有平衡、有尊严、有优越感，
这是"不抛弃、不放弃"的
世间真情。养自己的宠，让
别人寂寞去吧！

不少人有这样的梦想吧？男人（女人）、壁炉、狗。曾几何时，见过这样一幅景致，且历久弥新：某工地旁，一褴褛男子酣声震天在树荫下，一只小土狗在旁嬉戏。一友颇爱犬，欲上前逗弄。小狗以为我们要袭主，一阵狂吠意欲唤起主人，无奈主人梦正酣，扒拉下小狗继续做梦。这让我等颇为唏嘘，此男以天为帐、以地为床，无所牵挂，劳苦中自得其乐的坦然何其美妙。还有那小狗，主无贵贱的精神、不离不弃的忠诚也着实令人感动。这人与人之间的竞争、阴谋、欺诈、冷漠和仇恨与宠物无关。如今养狗不再为看门，养猫不再为捉鼠，养猪不再为吃肉，有它也许不孤寂、不无聊、不压抑、不失落、不被欺凌、不被奴役，有安慰、有平衡、有尊严、有优越感，这是"不抛弃、不放弃"的世间真情。养自己的宠，让别人寂寞去吧。

在这繁茂又有些凉意的地球上，有很多生命元素，经过漫长的时光酝酿出诸多的美好、精彩，譬如——人。

而人有着思考的天赋，这种天赋赋予了人类征服、塑造的野心。北欧有这样一个神话：造物主奥丁肩膀上停着两只乌鸦，一只胡晋（意为思想），一只穆宁（意为记忆）；膝下围绕着两条驯服的狼，格里和弗雷克；坐骑是八条腿的马斯雷普内尔；还有源源不断挤出香醇蜜酒的山羊海德伦、无数次再生的野猪山里姆尔等等。

此时的奥丁是人类重组生命排序的副产品，诸如乌鸦、狼、山羊在人类的野心上贴上了最早的"宠物"的标签，人类梦想支配一切、解释一切。

奥丁是神话，现世人类对其他生命元素譬如电脑旁的mini植物、笼中的金丝雀、草地上打滚的苏格兰猎犬、高贵的波斯猫……又有着怎样的诉求？驯服？亲密？感恩？它们是否有着与人类或同等，或卑微，或更高贵的权利呢？

但毫无疑问，宠物已然成为全人类的时尚，宠物大军像狂风骤雨般席卷而来，它们以超乎想象的迅猛姿态进入人们的生活并影响改变着人类的思想、情感、心灵、行为……

其实无他，只因宠物魂灵中的真善美。

当一只纯良的狗攀上你的膝盖兴奋地欢迎你回家；月色如洗的晚上，猫儿闪着宝石一样瑰丽的眼睛附着你自言自语，安详的海龟数年如一日守候在你小屋的某个角落宁静从容、大智若愚……宠物的无欲纯真填补了人类内心的诸多缺失，征服塑造的心渐渐淡了，那些无视、虐待、摧残甚至杀戮便成为无知、野蛮和荒谬的代名词而为人不齿。

人类终于认识到了生命平等的善，虽它们在智力上不能和人类媲美，但本性、感觉、秉赋却更为人称道，与它们亲近让人变得温暖、仁慈、善良、真诚。人是有生命的动物，宠物是有生命的宝物。它们在无意中治愈着人类的心灵创伤，甚至引导人类寻求心灵的宁定和自由。

人与宠物间的关系愈发亲密融洽，但过犹不及。瑟普尔说：我认为宠物正在弥补人类心灵上的空缺，但人类应该保持和宠物的适度距离，不应在心理上过度依赖它们，把它们当做穿着皮衣的缩小版人类。

是的，宠物可以释放我们的寄托，但人类还是应该寻回自己，《警犬卡尔》、《丛林赤子心》、《导盲犬小Q》的忠诚、善良、英勇、正义，这些在胶片中灼灼发光的宠物品质，人类更该具备。

原来，人类并不那么强大。

也许，人类并不那么幸福。

这里我只是想讲几个宠物的故事，让我们人类体验纯粹的情感，感受强大，感受幸福，感受纯真。

这世间有许多种情感直抵内心，让人潸然泪下，而宠物情缘无疑是珍贵的其一。就让我们安安静静坐下来，聆听心灵充盈的宠物的声音吧。

1 拉布拉多犬

拉布拉多是一种中大型犬，天生个性温和、活泼，没有攻击性，智商高，跟黄金猎犬、哈士奇并列三大无攻击性犬类，是很好的宠物。它们很容易被训练，服从性高，是值得分享你的爱的忠实伙伴。它没有其他犬类的麻烦特性，比如：占地盘、具攻击性、具破坏能力、不规则地敏感等。

养拉布拉多应具备较大的笼及围栏，它的成长速度很快。虽基本上不需要太大的运动量，但只在室内走动未免太勉强，最少每日或隔日带它外出走12至20分钟路。拉布拉多是很容易训练的，它学习听从命令最快。只需训练很短的时间，它能学会的东西就很惊人。

关于拉布拉多，听听皮特讲述的故事。

皮特热爱打猎，经常在狩猎季节去沼泽地打野鸭子。他为此养了一只拉布拉多犬，并且从小训练它衔回猎物。缇雅是一只精力旺盛的狗，它喜欢游泳，喜欢在水里嬉戏，喜欢跃进水里衔回主人扔出的"猎物"。缇雅同样是皮特两个女儿的好伙伴，她耐心地忍受着小孩子的"蹂躏"，从不恼怒。

缇雅的精力太旺盛了，总是喜欢在空旷的土地上奔跑。但这一天，缇雅在狂奔的时候踩到了一个被汽车碾碎的玻璃瓶子上，扎伤了脚。

回到家，皮特发现缇雅的脚在流血，就为缇雅包扎了伤口。没想到伤口感染，并很快遍及整条腿。皮特带缇雅来到动物医院，医生告诉皮特，他们不得不锯掉缇雅的整条腿，否则会危及生命。皮特很为难，他不知道缇雅能否依赖三条腿生活，能否接受三条腿的事实，能否继续开心地生活。如果不快乐，不如安乐死。这是一个很难做出的决定。

兽医告诉皮特，很多案例证实三条腿的狗照样能快乐地生活，皮特决定挽救缇雅的生命。

手术后不久，缇雅伤口愈合出院了。令人欣慰的是，缇雅很快就接受并适应了三条腿，它照样从楼梯上跳上跳下，照样和孩子们玩耍，照样衔回皮特扔出去的玩具，照样游泳。三条腿没有给缇雅的生活带来任何障碍，也没有给缇雅的心理带来任何阴影，它还是一样快乐地玩耍，快乐地生活。

手术一年以后的一天，皮特决定带缇雅去打野鸭子。缇雅兴奋极了，它是多么热爱它的工作！

皮特和表哥一起从卡车上卸下小船，拖到水里，他们要划船到河心的小岛上去，皮特、表哥和缇雅都上了船。谁也没注意到小船底部有一个裂

缝。

船划到河里，水慢慢渗了进来。由于船小人多，裂缝迅速扩大，小船终于失去平衡翻了，两个人一条狗全都下了水。

深秋的河水冰冷刺骨，皮特和表哥都穿着防水胶皮裤，掉到水里后，裤子里一下子就灌满了水，重如千斤，两人拖着沉重的裤腿寸步难移。他们紧紧抓住倒扣的小船，使劲踢着水挣扎着向岸边游。但由于河水冰冷和双腿沉重，他们很快就筋疲力尽。危险正在不远的地方等着他们，这是一条开放的河流，不远处就是大西洋。如果不及时脱险，一旦被冲进大西洋，后果不堪设想。

缇雅毫不费力地在水里游着，已接近岸边。它回头察看，发现主人并没有跟上。聪明而忠实的缇雅意识到这次需要衔回的是自己的主人。

它掉头向主人游去，游到船边，叼起了漂在水里的船缆绳，奋力向岸边游去。拖着两个大男人加一个小船，缇雅游得很吃力很慢，但它坚持着。与此同时，皮特也和表哥一起奋力踢水，一米、两米……终于，他们登上了岸边的浅滩。皮特和表哥紧搂着缇雅的脖子，感激、赞美的心情无法用语言描述。

②波斯猫

猫中贵族，性情温文尔雅、聪明敏捷、善解人意、少动好静，叫声尖细柔美，爱撒娇，举止风度翩翩，给人一种华丽高贵的感觉，历来深受世界各地爱猫人士的宠爱，是长毛猫的代表。波斯猫体格健壮有力，躯体线条简洁流畅；圆脸、扁鼻、腿粗短、耳小、眼大、尾短圆。波斯猫的背毛长而密，质地如棉，轻如丝；毛色艳丽，光彩华贵，变化多样。

关于波斯猫，不妨听听艾琳的故事。

艾琳居住在加拿大的魁北克省，她本是一个狗爱好者，由于租住的公寓住房较小，不适合养狗，便领养了一只黑色波斯猫，她给它起了个名字叫"明星"。

明星爱动，每天都要跑到院子里玩，每次都从纱窗的小洞钻进钻出。久而久之，小洞变成大洞，成了明星的专用通道。明星的小床就在艾琳的床边，有时明星会跑到艾琳的床上撒一会儿娇，钻进艾琳的被窝。

这天晚上，艾琳很早就上床睡觉了。凌晨5点多，明星突然开始狂叫起来，不安地在艾琳的床上走来走去。艾琳不知为什么睡得很沉，虽听到明星的叫声可眼睛就是睁不开。她闭着眼睛嘟囔着："还早啊，明星，别叫了。"她以为明星想吃早饭呢。

可明星还在继续不安地走来走去，并且不停地喵喵叫，声音越来越大，越来越不耐烦。艾琳想：没准明星想进被窝吧，于是，伸手把明星搂了进去。可明星不耐烦地挣脱了，但并不走开，仍然在床上和艾琳的身上走来走去喵喵地叫。明星看到艾琳不理它，急了，快醒醒！它伸出爪子去抓艾琳的脸！明星从没有用爪子抓过主人，玩的时候总是小心翼翼地把指甲藏起来以免伤害到主人。

艾琳这下子醒了，但她没有意识到，房子里充满了浓烟！也许是因为她已经被熏得有点神志不清了。她摇摇晃晃地下了床，对明星有点不满：

叫什么呀你，弄得我睡不好觉！她走到门口，明星一直跟在脚边，她打开了门，把明星放了出去："也许明星想出去玩吧！"

艾琳走回卧房，这时火苗已经从隔壁蹿了过来。面对火光，艾琳彻底清醒了，她立即跑出房间敲开邻居的门报了火警。

大火很快无情地吞噬了整个房子，艾琳呆呆地望着大火，一时无法从震惊中回过神来！突然，艾琳想起来了，明星在哪里？

她冲着火海大声叫着："明星，明星，你在哪里？"消防队员阻止艾琳靠近火海，艾琳此时彻底明白了明星的怪异举动：明星首先感觉到了危险情况，但它没有从纱窗的洞中逃走，而是想告诉我，可我竟然完全没有理解它！明星救了我！明星，你现在在哪里，你安全吗？

大火扑灭12小时后，艾琳不甘心地回到火灾现场，现场一片残破景象，到处是烧焦倒塌的建筑物碎片。艾琳大声叫着：明星，明星！内心祈祷着奇迹出现。奇迹真的出现了，艾琳的呼唤得到了回应：废墟里传来微弱的喵喵声。艾琳不顾一切扒开废墟，明星出现了！

明星的毛皮受到灼伤，四肢严重烫伤，但没有生命危险。明星完全可以逃掉，但它却一直徘徊在火灾现场不肯离去！

火灾后的两个月里，艾琳一直被火灾噩梦困扰，经常从可怕的噩梦中醒来，全身大汗淋漓。明星似乎明白这一切，总是紧紧地依偎在艾琳的身旁，这给了艾琳很大的安慰。只要有明星在，艾琳就会感到安全。一个人，一只猫，就这样互相安慰，共同度过了生命中最困难的一段时光。

3. 宠物鸟

如今养鸟的人也越来越多。常见的宠物鸟有鹦鹉、八哥、画眉、鸽子等。而养鸟所必需的物件，如笼子、食器、水器、鸟粮、鸟巢等在市面上也极易买到。以北京为例，很多老北京都喜欢早起遛笼鸟，养个黄雀啥的——人家好的就是这口儿！

听听一枝瘦影讲述的她家宠物的故事。

话说那天俺家臭们正吃饱喝足闲待着，那蓝臭突然想让夫人给挠挠痒，遂低下头向绿臭靠近，情急之下忘记察言观色。当是时，绿臭正单爪伫立，一脸茫然，明显两眼发直，不知琢磨什么呢（遥想公瑾当年，小乔初嫁了，雄姿英发，羽扇纶巾，谈笑间，强虏灰飞烟灭……故国神游，多情应笑我，早生华发……）。蓝臭的脑袋一直杵到绿臭的嘴巴底下，却半天不见反应，遂抬起头来看，见绿臭正作伟人思考状，视世间一切如浮云流水，当然也包括自家老公。蓝臭还不死心，用恳切的目光望着她，不屈不挠地二次低头，在绿臭胸前蹭，企图用儿女之情把老婆从佛家门前带回。此时，绿臭忽从梦中苏醒，顿觉奇痒，却是自家老公正在其攻击范围内极没眼力劲地献媚，遂无名火起，猛一嘴正中蓝臭脑顶，给蓝臭吓得噔噔噔连退几步，险些从杆上跌下去。站稳脚跟，他盯着绿臭一脸无辜：你哪来那么大火呀，我招你惹你了呀……绿臭一声断喝：以后我思考的时候，别在我眼前晃，也别在我胸前起腻，没看我正忙着呢吗，烦不烦那你？蓝臭唯唯，独自找个角落眯着去了。我和我妈看得哈哈大笑。

我觉得我家蓝臭适合（如果是个人的话）去做客服，绝对负责到底服

务到家，全天24小时随叫随到。而绿臭在蓝臭提出要求时总是视心情好坏决定是否给他整理羽毛。很不像话。当初怎么就挑中他们两个活宝，真是有缘。

话说当年，我正陪着别人在鸟市转悠，都准备走了，突然心血来潮想买两只鸟。在一个摊位前挑中了他俩。至今住我家已将近一年。

回家的路上，两个毛球惊恐万状地挤在一起一声不吭。他俩心里肯定都打鼓：也没看清这后娘长得面善不面善，就毫无办法地被她带了走，以后可得相依为命喽。

打从养了他们，我每天下班就急着回家。到家把包一扔，就蹲在笼子前盯着他们看，为他们换食换水。慢慢地，我看出他俩性格的差异。

每次我给他们换完食儿，永远是绿臭先扑下去开吃，这会儿她先生不是忙别的，就是正发呆。等他发现，咦，开饭啦？他老婆已经吃得半饱了。他且不忙下去，他胆儿小，他得先在上面安全的地方观望一下形势。如果这会儿绿臭吃饱了自动让位，他也就不说什么了。如果没完没了，他就得采取点对策。看官听好，那蓝臭虽然长期在夫人的压迫下生活，但并非毫无办法，盖深谙《孙子兵法》也。他会悄没声儿地溜下去，躲在夫人身后伺机而动。当是时，绿臭正独自据案大嚼不止，还得回头监视他的动向，端的忙得头昏。蓝臭知道在敌人（只限于吃饭的时候）高度警惕时万不可轻举妄动，他装做心不在焉的样子迈着四方步，东张西望，哼着小曲儿。如果绿臭到这会儿还没了解形势，提醒就变得十分必要，具体方法是不停地轻啄绿臭的背，在她视野范围内转来转去，哑着嗓子喳喳叫。绿臭被他吵得头痛，也已经吃得差不多，于是一拍翅膀睡觉去也。蓝臭遂得逞。

　　情况通常如此，也有例外的时候。绿臭吃完，一看老公吃得端的香甜，也会疯狂反扑，蓝臭会因此丢掉刚刚到手的政权，只好换个方法再来一遍。不过他也不会挨饿，只是先后问题。绿臭对他的攻击通常也是点到为止。

　　我原以为他们成天地招，什么都抢，我给他们两根菜叶儿，也直奔而去打得不亦乐乎。后来，我发现他们也有温柔的一面，通常是在晚上新闻联播的时候，小两口会互相梳理羽毛，平时用做武器和攀爬工具的钩嘴此时颇为温柔，动作细致而全面。另一只鸟眯着眼睛一脸幸福。据说鸟类都有这种行为，能够增进配偶之间的感情。问题是蓝臭给绿臭梳毛时极端认真，但绿臭对他就有点敷衍了事，可怜的孩子。

　　万物都热爱自由，我家臭们也不例外。当时，我的姥姥姥爷都住在我家。有一天，我刚到家，姥爷特严肃地向我报告："今天你的鸟出了一个事故！"吓我这一跳，赶紧看鸟。只见他俩在笼子里抓耳挠腮若无其事。再一细问，敢情早上我走的时候忘记关笼门。等我姥爷散步归来，惊见蓝臭赫然出现在笼顶，正扯着破锣嗓子引吭高歌，且有其老婆在笼内呼应焉。二老火速把笼门关上，蓝臭受惊起飞，在屋子里乱撞，把他抓回去煞是费了一番工夫。

　　开了先例，这两个活宝得着机会就要溜出来对我家考察一番。说来奇怪，通常是那只受压迫的蓝臭飞出来而绿臭留在笼子里。蓝臭对我家房屋的结构已经颇为熟悉，经常是直扑柜顶。我们总是把绿臭扣为人质，两只鸟一里一外叫得山响。大概这短暂的自由来之不易，虽有绿臭在笼内召唤，蓝臭从未响应。每次都是我上蹿下跳把他抓捕归案，大概他知道回家了绿臭会叨他。

别看蓝臭净挨绿臭欺负，他可是真的爱绿臭。有一次，因为我缺乏常识导致绿臭闹肚子，早起连杆都上不去了，缩在笼子一角奄奄一息。蓝臭急坏了，在笼子里乱扑，嘎嘎直叫，这声音以前从未听到过。还好，经专业人士指点，绿臭很快恢复了健康。等她下午自己飞上杆儿，蓝臭马上跑过去紧紧地靠着她，只有这一次绿臭没有表示反对。

总而言之，蓝绿二臭在我家过的生活还是很幸福滴。我喜欢晚上睡觉前把他们放在我屋里，这样就能听见他俩早上唧唧咕咕的叫声，还有抖羽毛时"噗"的一声。晚上我回家，一看见他们就忘记了所有烦恼。

4 宠物鹅

颈长，喙扁阔，脚有蹼。羽毛白色或灰色，额部有橙黄色或黑褐色肉质突起，雄的突起较大。能游泳，吃谷物、蔬菜、鱼虾等。

家鹅的祖先是雁，食青草，耐寒，合群性及抗病力强。其生长快，寿命较其他家禽长，体重4至15公斤，卵化期一个月，栖息于池塘等水域附近，善于游泳。鹅遇到生人或生人进出主人家门就会鸣叫，甚至跑过来用喙拧上一口。这是它们保护性或防护性的自然反应。

听至尊宝讲讲爷爷和鹅的故事。

我爷爷去世的时候，我还没有出生。

所以，这些故事是小时候听大人讲的。

话说我爷爷那辈，我们家还是很穷的。一直住在带天井的祖屋里。后来，好不容易东凑西凑盖了一栋独立的泥墙房子，总算有个属于一家人的天地了。一家人那个高兴啊，丝毫不亚于现在的人在打拼的城市里拥有了自己的窝。

就这样高兴了几年，家里的境况依旧没有好转。于是，爷爷请了一个风水先生来看。风水先生左看看，右瞧瞧，围着房子转了几个圈，又用罗盘测量了一下。然后告诉我爷爷，要在房子外面建个一米左右的围墙。

我不知道风水这东西到底是不是真的存在。总之，听大人说，自建了那个围墙以后，家境的确是一天一天地好了起来，当然不是那种大富大贵的。农村人嘛很容易满足，小富即安。

故事就是这样发生的。建了围墙后不久，家里就来了一只流浪狗。

从此，山村的清晨里、暮色下，一个老人，一只狗相伴而行，就成了一道风景。

后来，这样的日子估计爷爷觉得太闲了。又趁逢圩买来一群鹅崽。于是，他的生活又多了一项内容：每天带着黄狗赶鹅去外面寻找食物。他坐在田埂上卷一筒生烟，慢条斯理地抽起来，微眯着眼享受。偶尔看到鹅吃别人家的东西，就过去赶一下，呵斥几声，像对待自己聪敏顽皮的孩子一样那么自得其乐。

这样的日子过了一段时间以后，爷爷和这些小动物们打交道的经验有了质的飞升。可能是相处渐久的原因，抑或爷爷天生和这些小动物有缘，人与动物间渐渐到了心意相通的境界。每每鹅们又偷吃邻里的农作物时，爷爷就坐在田埂上大喝一声，通常鹅们就会乖乖地回到爷爷身边，间中还"鹅鹅鹅"地叫几声以示委屈。这时，爷爷就会抽着烟慢条斯理地给鹅们上一堂生动有趣的"政治课"，然后教训得差不多了，就挥手让它们继续觅食。我不知道那些鹅是不是真的听得懂爷爷说话，但这不要紧，重要的是爷爷的行为常把旁人乐得不行。当然，爷爷这招也有不灵的时候，偶尔也会遇到有反抗意识的鹅，任爷爷喊破嗓子也不离开偷吃现场。这时候，就到了黄狗的表演时间了。只要爷爷把黄狗叫到身边，用手抚抚它的头，低声和它耳语几句，然后朝那只反抗的鹅一指，黄狗就能迅速领会主人的意思，气势汹汹地朝鹅奔去，几下就把鹅赶到爷爷的身边。这时候，鹅是愤怒而无奈的，黄狗是得意洋洋的，爷爷是正襟危坐准备上思想课的。总之，这些动物都成了爷爷的朋友。

鹅们一天一天地长大，黄狗一天比一天健壮。爷爷，却一天比一天老了。每天早晨都能听见爷爷召集鹅们和黄狗出发的声音，单调却又充满韵味。每一个黄昏，也总能见到爷爷率领着鹅们和黄狗浩浩荡荡地归来。我时常猜，爷爷这时候的心情是不是有点将军凯旋的味道。但已经不得而知了。

养鹅的好处，就是家里每天不缺蛋。在那个物质贫乏的时代，这也为餐桌增加了不少营养并贴补了一些家用。可是，鹅终究是鹅，它们比人更容易老去。一只只鹅慢慢地告别了它们的主人，去向了往生的轮回。

最后，爷爷的身影旁长伴的只是一只黄狗、一只鹅。爷爷抽烟身影的背后，只剩黄狗和那只鹅孤单地在一起玩耍，再没有了往昔的热闹，也再听不到爷爷呵斥或者教育的声音。只是，那只鹅依然每天下一个蛋，风吹雨打，从不间断。那只黄狗，依然每天陪伴。爷爷，真的老了。

终于有一天，爷爷，没有再醒来。从此，这小山村里再也见不到那一出风景，也听不到那些单调而有韵味的声音。

那一天。狗和鹅仿佛有预感。任家人怎么赶也赶不出去。一只狗和一只鹅在厅子里焦急地叫着，来回不安地转圈。

后来，爷爷的棺材放在厅子里。黄狗趴在棺材上不停地狂吠，好像要把它的主人叫醒。那只鹅也跳上棺材站立着，不断地悲鸣。仿佛，它们都知道，爷爷不会再和它们在一起了。

这一幕，令家人更加感到悲伤，也让旁人忍不住动容。直到现在，我仍然想不透，为何人与动物间的情感也可以达到这种境界。

爷爷下葬的时候，长长的送葬队伍里多了两只动物，一只黄狗，一只鹅。

爷爷去世后，黄狗整天待在家里，哪里也不去，经常在爷爷曾经住过的房间门口盘坐着，仿佛若有所思的样子。那只鹅，从此再也没有下过蛋。

再后来，黄狗和鹅相继死去。

宠物篇就到这里，要不然又如滔滔江水了。总之，无论是龟、鱼、兔子、豚鼠、猫、狗、鸟、螃蟹、小猪、鹌鹑、猫头鹰、蝈蝈、鹦鹉、鸡鸭鹅都可以成为你的好伙伴。如果够胆大，还可以试试蛇、蜥蜴什么的，嘿嘿。

11 chapter

贫客玩心跳

青春就是心跳，贫客玩儿
的是心跳中的心跳。在这
所谓自以为是又狼狈不堪
的岁月，就让这青春的痕
迹重些，再重些!

《与青春有关的日子》中说，今天之所以区别于昨天，恰恰是因为昨天的感受依然在我们心中。在我们生命的每个时刻，都会有一个被加工好了的故事。不管结局是福是祸，也不管它是美丽还是悲伤，岁月的洗礼总能给我们留下淡淡的回忆。这或许就是生命值得延续的魅力。

那么，我们的心跳是不是可以强一些，再强一些，在这段所谓自以为是又狼狈不堪的青春岁月，是不是痕迹可以重些，再重些。

说玩儿心跳，不由得想起了王朔，他有本书就叫做《玩儿的就是心跳》，想必大家伙都清楚吧。当然，也不排除有些人头摇得像拨浪鼓似的，那家伙呀，就是一痞子。当然了，韩寒被评为极具时代影响的人物，你不也只一句"小屁孩"嘛。这不怪你，要怪就怪我们的时代吧，时势造英雄，个个都是英雄，个把人你当然不放眼里。再说回王朔，他的作品并不是什么惊天地泣鬼神的大作，也不是像博尔赫斯的"迷宫"、卡夫卡的"城堡"那样高深精奥的重大命题，但王朔却是读生活，笑闹背后的辛酸，调侃背后的无奈，痞子背后的反思，而这生活的味道恰恰是每个年轻过的人最会心的那抹微笑。

我们年轻着，我们喜欢着，那些操着"京白"、狂侃胡论、整日无所事事、时不时还跟犯罪沾点边的小人物。他们心地善良，面邪心正，说话机灵幽默，有时虽然有点"贫"，却还透着可爱。这些人物是如此真实，真实得我们每天都可以见到，仿佛就是你我身边的张三李四。王朔还原了一个真实的混沌的生活状态，他用笔玩儿着心跳，而我们这个时代可以用身体玩儿出心跳！

譬如直排轮、滑板、单车、攀岩、蹦极、跳水、雪板、冲浪、跑酷、滑水……那在蓝天碧水间风驰电掣、搏击海浪的潇洒；万流奔腾中历经一泻千里、惊涛骇浪的激越；挑战地球引力、扶摇直下的惊险。这之中，有超越自我身理极限"更高、更快、更强"的精神，有参与、娱乐和勇敢精神，有跨越心理障碍所获得的愉悦感和成就感，最主要的是环保，而且玩得转的话也花不了几个钱。

《奋斗》上米莱说想长休吗，死了吧。我说想安稳吗，下半生吧。站在成年与青春日益残酷的门坎前，面临信息爆炸的新时代，生活节奏变得越来越快，压力越来越大，生活空间越来越小……那些曾经的小儿科已经不能满足我们的感觉域限，我们需要刺激、发泄、释放，我们需要感觉和唤醒，而心跳恰恰满足了人类的这一需求。

心跳吧，为了人类最本质的能力。

单车

急刹车轮胎剧烈摩擦地面发出的吱吱声是单车爱好者最动听、最美妙的音乐："各就各位，出发！"单车运动场地是自我宣泄、寻找快乐的一个重要舞台，无论是围绕湖面的人行道还是广场的休闲区、街头的空地，都被自发的车迷车友改造成他们心目中的理想赛道，也让围观的人过足眼瘾、耳瘾。

一般的单车运动有"竞速"和"越野"。

顾名思义，竞速就是短距离冲刺，车手们驾车进行不到 1 公里的冲刺比赛，用时少者胜出。

单车越野，具体有泥地竞速、泥地跳跃、街道赛、半管道、平地花式等。其中，平地花式是在平地里做各种平衡滑行动作的比赛。平地花式是最基础的，也是最重要的，它的动作有上百种，最基本的是车上静平衡，如后轮点地跳、前轮点地跳、擦轮、定车、漂、过桥等。

首先选用20英寸轮胎。20英寸轮胎的单车和人的比例刚好，可以变幻出许多花式动作。车身最好结实些，可以承受从几米高的地方摔下的冲力。

另外，设计上也应适当改改，让车把可以做360度转动。另外，这种越野单车前后轮都要有可供脚踩的"火箭筒"，这是竞技单车特有的"东东"之一，是一种辅助器，一般安置在前后车轮的两侧，也就是车轴上，主要是用作辅助滑杠、呲台，抓点和支点从而做出更多动作，一辆车只要换一些小零件就可以做出不同的玩法，看你自己的需要了哦。

今天，我们可以将单车运动开辟为穷人的运动，不需要太好的装备，没有博彩的酬金，更谈不上俱乐部，当然也没有很好的保护装置。此刻，我们"玩儿的就是心跳"。

定向

定向运动，就是利用地图和指南针，到访地图上所指示的各个点标，以最短时间到达所有点标者为胜。

唠唠它的起源。19世纪末20世纪初，欧洲北部斯堪的纳维亚半岛广阔而崎岖不平的土地上覆盖着一望无际的森林，散布着无数的湖泊。城镇、

村庄稀疏散落，人们的交通主要依靠那些隐现在林中湖畔的弯弯曲曲的小路。在这样的地理环境中生活，理所当然地要比别的地方更需要地图和指南针。否则，要想穿越那莽莽林海是十分困难的。正因为如此，那些经常在斯堪的纳维亚半岛山林中行动的人们——军队，便成了开展定向运动的先驱。他们深知，如果不具备在林地辨别方向、选择道路和越野行进的能力，就不能完成保卫国家的重任。

1918年，瑞典一位名叫吉兰特的童子军领袖组织了一次叫做"寻宝游戏"的活动，引起参加者的极大兴趣，这便是定向运动的雏形。这个活动的组织方法简便，不仅对提高野外判定方向的能力及学习使用地图有好处，还能培养和锻炼人的勇敢顽强精神，提高人的智力、体力水平。定向运动不需要像其他体育项目那样在场地与器材上耗费大量经费，娱乐性与实用性兼备，日益受到军队的重视，并且很快在民间流行开来。

"定向"这两个字在1886年首次使用。

定向运动吸引我们的地方不仅是它能强健体魄，而且能培养人独立思考、独立解决所遇到困难的能力，及在体力和智力受到压力下做出迅速反应、果断决定的能力。

找一帮子狐朋狗友或者志同道合者或者周末一家人一起乐乐吧，这项目不花钱，富于挑战，所需的只是一张好的定向地图和一个指南针。

这里，小生也教你几招实战经验。

首先，标定地图。标定地图就是为了使越野图的方位与实地的方向一致。

其次，对照地形。就是要通过仔细观察，让图上和实地的各种地物、地貌相互对应。只有通过对照地形，才能在实地找到已选定的最佳行进路线。

然后，确定当下的位置。

如果迷失了呢？

如果是沿道路行进时迷失，要先标定地图，对照地形，判明是从哪里开始发生的错误以及偏差有多大，然后根据情况另选迂回的道路前进。如果错得不多，就干脆返回原路再行进。

如果越野行进时迷失，先停止行进，确定当下的位置，尽量取捷径插到原来的正确路线上去，不得已时再返回原路。

如果在林地中行进时迷失，尽量找出最近开始发生偏差的地点，确定当下的位置。如果错得太远，确定不了当下的位置，又不能返回原路，就要在图上看一看，迷失地区附近是否有突出的明显地形。如果有，就要果断地放弃原行进方向向它靠拢。

如果没有这个条件，那就继续按原定方向前进，待途中能够确定明确的位置后，再迅速取捷径插向目的地。

在山林中行进，最忌讳在尚未查明差错和正确的行进方向都不清楚的情况下，匆忙取"捷径"，这样很可能导致在原地兜圈子。

最后说说这个定向运动的藏宝图，也就是地图。它是按一定比例尺标示地貌、地物等正射投影的平面地形图。

地貌是表面高低起伏的各种形态。如山地、谷地、平地等。

地物是自然形成和人工建造的固定物体，如江河、湖泊、居民点、道路、水利工程建筑等。

定向运动的竞赛地图一般由地图比例尺、地貌符号、地物符号、磁北方向线、地图地域颜色、地图图例注记、比赛路线和检查点符号说明表几大要素组成。

指南针能简便地标定地图和确定实地方位，确保地图上的地物符号、地貌符号与实地地物、地貌之间的对应关系。所以，在定向运动中，读识地图、掌握指南针性能是基础，而使用地图和指南针是关键。

3 轮滑

又称滚轴溜冰、滑旱冰，如今多用直排轮，又称刷刷、66、刷子，在马路上溜冰为"刷街"。公元1100年的溜冰鞋算是最早出现的溜冰鞋了。它利用骨头装在长皮靴脚掌上帮助猎人在冬天打猎。苏格兰人Dutchman于公元1700年爆炸性地设计了第一对溜冰鞋。他希望能在夏天模拟出冰上溜冰，使用敲钉的长条林木附在他的鞋子上。同年，在爱丁堡组成了第一个溜冰俱乐部。轮滑下一款新鞋的出现在公元1760年，一位伦敦乐器制造商约瑟夫·梅林决定制造有金属轮子的长靴。一天，他参加舞会，从入口溜冰进去演奏小提琴。不过，在还不知道如何刹车以及如何控制那双附有轮子的鞋子的情况下，撞向了一面价值500英镑的镜子，撞得头晕目眩，被严重割伤。提琴毁了都无所谓，问题是那镜子他赔得起吗？他在一面巨大的镜子前结束溜冰表演，直到这舞会结束，他仍没有学到该如何停止和把握掌舵方向……好了好了，这些陈年旧事就不赘述。

轮滑分为极限轮滑、速度轮滑、花样轮滑、休闲轮滑、自由式轮滑等。

极限轮滑也叫特技直排轮，玩极限轮滑的人被称 ROLLERBLADING，极限轮滑强烈受到年轻人的追捧。

速度轮滑是以单排、双排轮滑鞋为比赛工具的竞赛项目，专业讲，又分场地跑道比赛和公路比赛两种。至于什么世界锦标赛，不是我们贫客考虑的，我们就随随便便找个场地，定个米数，O啦。

花样轮滑，这是我们的奥运夺冠项目，也就不啰唆了。

休闲轮滑，这才是我们的本土品牌，穿着单排轮滑鞋，在各种场地、环境中无拘无束玩各种滑法，最主要的一种是"刷街"，慢慢滑行，浏览着街景，沐浴着阳光，呼吸着新鲜空气，身心放松。

自由式轮滑，Free Style，其中最有代表性的就是过桩的平地花式。平地花式讲究过桩的足部花式技巧，同时也要有全身的节奏感，具有非常高的观赏性。

嘿嘿，这轮滑还具有很多体育项目所不具有的一个特性，就是它可以当做交通工具。一般情况下，在平整的路面上，轮滑都可以成为代步交通工具。在交通越来越拥挤的今天，轮滑不啻为一种流行和时髦的交通工具。不过，在你滑着轮滑穿梭于车来人往的大街上时，一定要注意交通安全哦。

4. 冲浪与滑水滑雪

冲浪是波里尼西亚的艺术人生，影响着他们的社会、宗教和神话。波里尼西亚酋长们以展现他们在浪上的特技来作为其威信的象征。现在的冲浪已不局限于冲浪板上，还可利用腹板、跪板、充气的橡皮垫、划艇、皮艇之类来驾驭海浪。但无论用哪种器材，都要有高超的技巧和平衡能力，同时要善于在风浪中长距离游泳。

这需要有些专业知识和技巧，最好参加个培训什么的，这对我们贫客来讲就需要有点米米来支撑了。因为地域上也有些限制，玩不玩就自己权衡下啦，只要不被冲浪者描述的狂喜而蛊惑。

或者也像美味篇所述YY一番即可，美丽的夏威夷、各式的比基尼、波浪、欢笑，或者法国西南部的海岸线，在那里品尝着美味的葡萄酒，欣赏性感的法国女人，感受法国古老的文化。最后，世界上只能有一处拥有最高的浪，这就是TEAHUPO'O，它位于南太平洋的塔西提岛。

滑水，顾名思义，是借助动力的牵引在水面上"行走"的玩儿法，要穿着"水鞋"，在水面上玩乐表演，诸如回旋、跳跃、尾波、跪板、竞速、赤脚等花样，最早起源于20世纪初的美国，并迅速在欧美等发达国家普及开来。

滑雪的渊源可追溯到几千年前，那时生产条件落后，为了在恶劣的自然环境中生存，发明了可以代替行走的滑雪板，它的应用使得人们可以在浩瀚的森林中任意驰骋追寻猎物。滑雪的乐趣在于动感强烈、富于刺激，随着温度的升高、阳光的照射，雪的表面慢慢融化，看着一块块破碎的雪壳在空中飞舞，当会其乐无穷。

冲浪与滑水滑雪都不是我们贫客的主流，少叙为妙。

5. 蹦极

这运动一点不需要专业，要的就是一个胆量，真正符合贫客玩儿心跳的宗旨，小生也就不拽文，直接实例示之。

随着教练一嗓子"蹦极了"在山水间回荡，涧下行人纷纷驻足仰起了脖子，我在跳台上称完体重，得到一支笔和一个本儿，真有些要立遗嘱的味道。写下你的姓名、身份证号、家里的联系方式，并写下是自愿跳的。新鲜，花钱买人把自己推下悬崖。

系好安全带，铁栅栏"嗞溜"被打开，别说，此刻真的很怕怕。教练将气压保险绳的铁扣挂在小生双腿和腰上，向下一弹射，想起那句"黄河真他妈伟大"的诗。沉重的保险绳开始下坠，重力在身上起了作用，教练在背后拉着我："教练，你给我绑紧了吗？我怎么觉得腿上有点儿松？""没事儿，我检查了好几遍了。""我真的觉得有些松，你要不再给我看看。"各种道理看客们明白，这是心理作祟。

你到底敢跳不敢跳？

跳，当然跳。

眼睛往天上看，别看下面，两臂张开，保持这个姿势不变。走！这是我在上面听到最后的话。

在下落的最初5秒内，我失去了我的心脏。没有任何感觉，只有风声。大概跳楼就是这样，我算是有经验了。当我再次被弹起和坠落时，我已经深深地体会到活着比什么都好。

我自横刀向天笑，去留肝胆两昆仑。

明白了吧，只要身体没异样，这家伙跟坐海盗船似的，不需要技术含量，嘿嘿。

攀岩

攀岩都知道吧，腾挪、转身、跳跃、引体、优美而惊险，可以称得上"岩壁上的芭蕾"。这岩，即是悬崖峭壁或人造岩墙。这攀是仅靠手脚和身体的平衡。根据支点的不同，采用各种用力方法，如抓、握、挂、抠、撑、推、压等。当然，为了安全起见，还是要系安全带和保护绳的。

最早的攀岩者当然是远古的人类，他们为了躲避猎食者或者是敌人，而在某个危急的时候纵身一跃，从而成就了攀岩这项运动。而人类最早的攀登记录，是公元1492年法国国王查理三世命令Domp Julian de Beaupre和Captainof Montelimar两人去攀登一座名为Inaccessible的石灰岩塔，高度为304米。当时，他们就带着简单的钩子和梯子，凭着经验和技巧登顶成功。那座山后来被命名为Mt.Aiguille，那次攀登成为历史上第一个有记录并使用装备的攀岩事件。

惊险刺激是攀岩的特点，且没有什么条条框框的限制。室内、室外、成年、青少年、男人、女人皆宜。

攀岩有自然岩壁，也就是经过开发和清理的天然岩壁，还有人工岩壁，有室内和室外之分。无论是自然岩、人工岩都有几种攀登方式。

自由攀登，指不借助保护器械的力量，只靠自身力量攀爬，想考验潜能的就采用这种攀登方式。

器械攀登，是借助器械的力量攀登，在户外的自然岩中常用。

顶绳攀登，是在岩壁上端预先设置好保护点，主绳通过保护点进行保护，攀登者在攀登过程中不需进行器械操作。这种方式一般是初学者，没有什么危险性。

先锋攀登，攀登路线预先打上数个膨胀钉和挂片，攀登过程中将快挂扣进挂片成为保护点并扣入主绳保护自己，攀登者需要边攀登边操作。这个安全系数稍高，攀登者可以全力以赴突破生理极限，挑战最高难度。

最后说说攀岩的几个要领，抓、抠、拉、推、蹬、跨、挂、踏等。

OK，去挑战孙行者吧。

溯溪

溯溪一词源于日本，是结合登山、攀岩、露营、游泳、绳索操作、野外求生、定位运动、赏鸟的综合性户外活动。

兴趣相投的贫客山友组成队伍，伴行溯溪，尽兴而上，这是目前国内最盛行的方式。溯溪是可休闲、可冒险的活动，但溪谷的地形崎岖不平，激流、深潭、瀑布不断，初学的人最好不要造次。若要尽兴，最好能加入专业的溯溪团体。跟随经验丰富的溯溪领队学习，循序渐进地累积经验！

溯溪有危险，第一在于溪流与深潭。夏季，溪水暴涨，常常使得溯溪者走避不及或被暗流卷入。

其次，坠落。攀爬瀑布，其实是溯溪最有趣也最有挑战性的。不过，真的遇到非常困难、无法直接攀爬而过的瀑布，就必须爬高绕行，而这样的高绕，往往是在无路中开路，也有着更多坠落的危险。

其他如碰到落石、蚊虫咬伤、毒蛇咬伤、擦伤、撞伤、跌倒、滑倒等，也都是常见的运动伤害。不过，却也不用过于担心，备上急救药箱。如果是团体的话甚至连简易的手术刀都有，而团员也大多受过急救训练，通常不太容易出大问题。

不过，参加溯溪活动之前，还是应该看看有关溯溪技术的书籍，学习各项攀登技术，做好行前准备工作，关于溪谷地形的特色以及天气的变化，都要认真研究清楚，一定要熟练使用地图。

万一发生意外，不能慌乱，如果是晚上绝对不可以摸黑赶路，溪谷中高低不平，容易失足受伤。其实，溪谷中理想的宿营地不多，如果傍晚前找不到适合的宿营地，就要及早考虑野地露宿，最好选择上游宿营，因为有可能暴发山洪。

另外，溺水也是极易发生的伤亡事故。为避免发生事故，过河时应选择在水最浅并且水流平稳的地方，要避免在水急或水深处取水、饮水，尤其应小心水边石块上的青苔。

在此不啰唆了，出发前看看专业书籍吧。

跑酷乃城市疾走，诞生于80年代的法国，是把整个城市当做一个大训练场。一切围墙、屋顶都是可以攀爬、穿越的对象，特别是在废弃的房屋上跑跳穿行。

跑酷也被称作暴酷、城市疾走、位移的艺术、飞跃道。跑酷是人类根深蒂固的本能反应，是一种需要真正勇士精神的运动，这种位移的艺术既不需要特别的设备，也不需要专门训练。人本身是这项运动的唯一的工具，这就是规则。

无论城市、乡村，面对障碍物，并"挑战它"，就是这项运动的过程。运动装备不限，运动时间不限，身体就像瞬间腾空的机舱，跑、跳、攀爬、翻滚，它不仅吸引你，也吸引周围的人。所有这一切的目的就是，决不被障碍物所阻碍，无论它是墙、铁窗、栅栏、树木、岩石、交通工具、壕沟。

但不得不说，跑酷是有危险性的项目，跑酷者不要为了一个漂亮的飞跃或者哗众取宠，或者吸引目光而去冒险，跑酷的本质是一个人对移动技巧的训练。优美，高效，富有控制力，同时进行自我的展现，不是表演。

跑酷需要很好的协调性，这需要日常的不断练习。如果协调性好了，玩起跑酷就易如反掌。力量也不可忽视，如果力量跟不上，就只能停留在某个台阶不能进步。在日常的锻炼过程中要注意均衡，肩部、臂部、背部、腹部，还有下肢的力量，要全面练习。

当然，最重要的一点就是勇气，每个人都有恐惧心理。但事实往往是，越紧张，身体越放不开，越容易受伤。除了自己战胜心魔之外还有身体的练习，什么劈腿、拱桥、蛙跳、落地即起、手肘弹跳、精确跳跃、翻墙、降落练习、盲跳、前空翻、后空翻、前翻、后翻、平衡感、侧空翻、猫跳跃、猩猩跳跃、插入练习、单杠练习之类的，都要多加练习。找到自信后，就可以出去实战了。

贫客玩儿心跳篇告一段落，当然还有很多心跳玩法有待我们去开发并付诸实施。开始吧，兄弟姐妹们。

后记

某天，觉得自己长大了，青春来了。

某天，觉得自己老了，青春远去。

也许这只是几寸光阴的事。

西邪不教我们贫客去奋斗，反而教我们各种花样的玩儿，以此来虚度美好的青春年华，是不是很过分？西邪并没有答案。

青春，可以用很多词语来形容：自由、张扬、扮酷、不受约束……但没有哪一个词可以准确定义青春的概念。

你说我们碌碌无为，可我们就是活得开心快活，难道不行？你说我们不求上进，可我们活得自由自在，难道不行？你说别人有多大的房多豪华的车，我们什么都没有，就算我们眼红但我们乐意，难道不行？你说谁谁多么奋斗多么追求信仰，我们只知道吃喝玩乐，难道不行？日子是自己的，青春也是自己的，在不冒犯别人且遵守各种行为规范的范围内，我行我素难道不行？干嘛非得符合你们的标准才是正常、有意义、有追求的？

还记得，年少时在课本里学的一句话："当我回首过去，不因虚度年华而悔恨，也不以碌碌无为而羞耻……"我们认真想着，认真做着。

至于是不是虚度，又由谁来定义呢？谁说一定得干出一番事业、得成就什么名利、得被什么肯定评价了、得为什么无私奉献了，才不是虚度？

所以，忽然明白过来，为什么那些蚁族、蜗居族、穷忙族、拼房族总是感叹累了、老了……试问，他们拿什么面对青春？

虚度不虚度是一个伪概念，以特定的标准来看，估计我们大多是在虚度，没几个人干出了定义中要求的崇高和价值。我们恋爱了，享受了爱情的酸甜苦辣。我们疯狂玩过了，那是一生最华丽的一笔。我们庸碌了，有了一份自己的小日子。我们思考了，拥有了思想和智慧。

最重要的，当我回首过去，有微笑而不是悔恨与羞耻。

搁笔之际，这本书过不过分，西邪依旧没有答案。